Marketing na
gestão hospitalar

EDITORA intersaberes

Marketing na gestão hospitalar

André Eyng Possolli

Sumário

9 *Agradecimentos*
11 *Apresentação*
15 *Como aproveitar ao máximo este livro*

Capítulo 1
19 **Fundamentos do marketing**
21 1.1 Afinal, o que é marketing?
30 1.2 Modelos de marketing
38 1.3 Demanda, cliente, público-alvo e comportamento do consumidor
58 1.4 Ferramentas de comunicação em marketing

Capítulo 2
83 **Planejamento de marketing**
86 2.1 Conceito de planejamento
87 2.2 Roteiros de planejamento
92 2.3 Ambientes de análise de planejamento
108 2.4 Modelos de análise de planejamento
112 2.5 Análise de produto
121 2.6 Princípios e objetivos da organização
128 2.7 Modelos de planejamento

Capítulo 3
139 **Estratégias de marketing**
141 3.1 Marketing e imagem organizacional
144 3.2 Marketing de serviços
148 3.3 Segmentação de mercado
152 3.4 Posicionamento de marketing

158   3.5 Marketing de relacionamento e de fidelização
164   3.6 Endomarketing
167   3.7 *Trade* marketing

Capítulo 4
177   **Gestão hospitalar**
179   4.1 Aplicação do marketing na gestão hospitalar
185   4.2 Novo foco da gestão hospitalar
196   4.3 Legislação e ética

215   *Para concluir...*
217   *Estudo de caso*
221   *Referências*
225   *Respostas*
229   *Sobre o autor*

À minha mãe Ana Maria,
por me ensinar a escrever.
À minha esposa Cris
e às minhas filhas Amanda e Larissa,
por me ensinarem a amar.

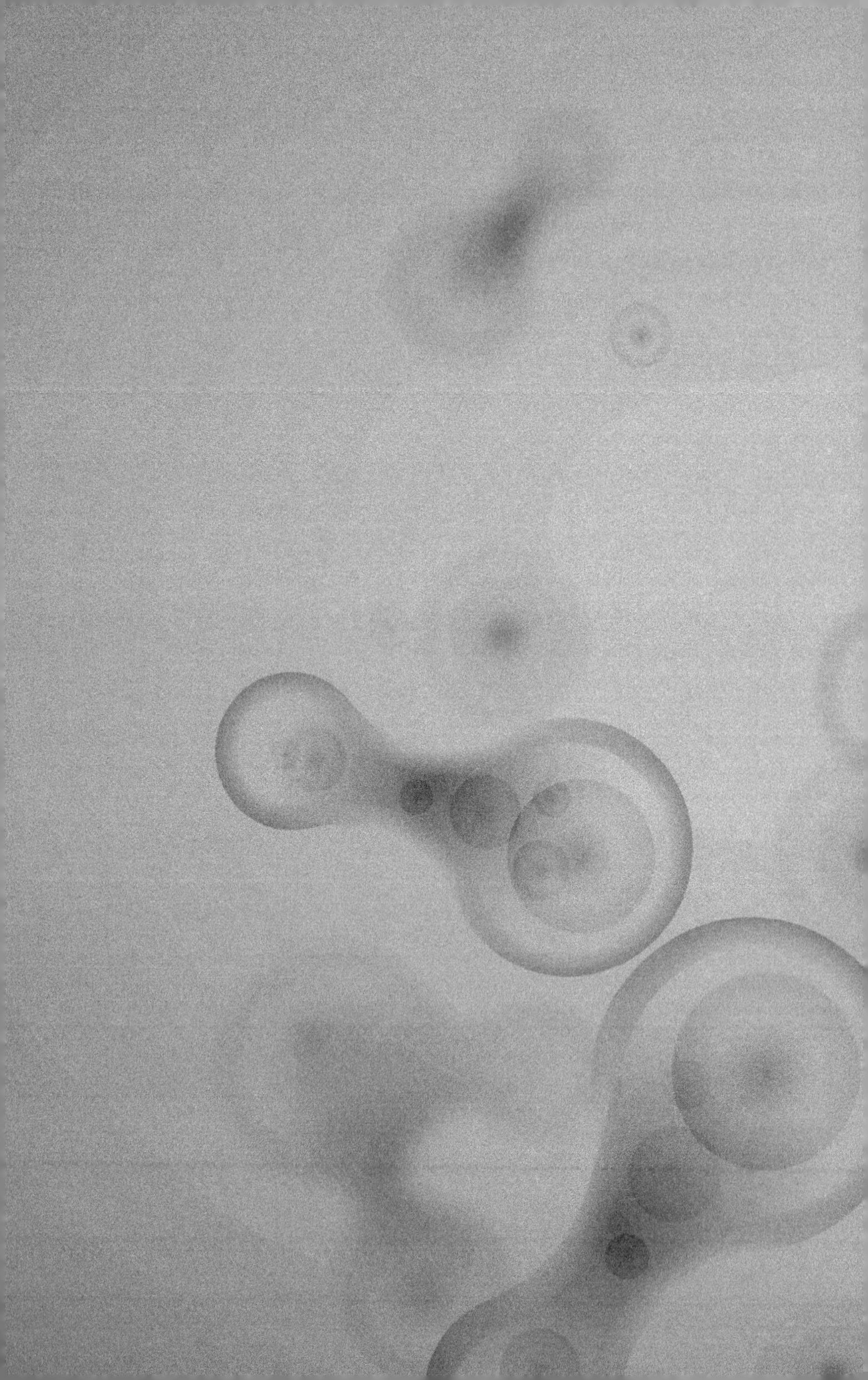

Agradecimentos

No decorrer dos anos atuando como docente e profissional da área de marketing, colecionei conteúdos que há muito eu pensava reunir em uma publicação. Por isso, agradeço à Editora InterSaberes pelo prazer que me proporcionou ao me convidar para escrever este livro e poder, enfim, realizar o meu antigo projeto.

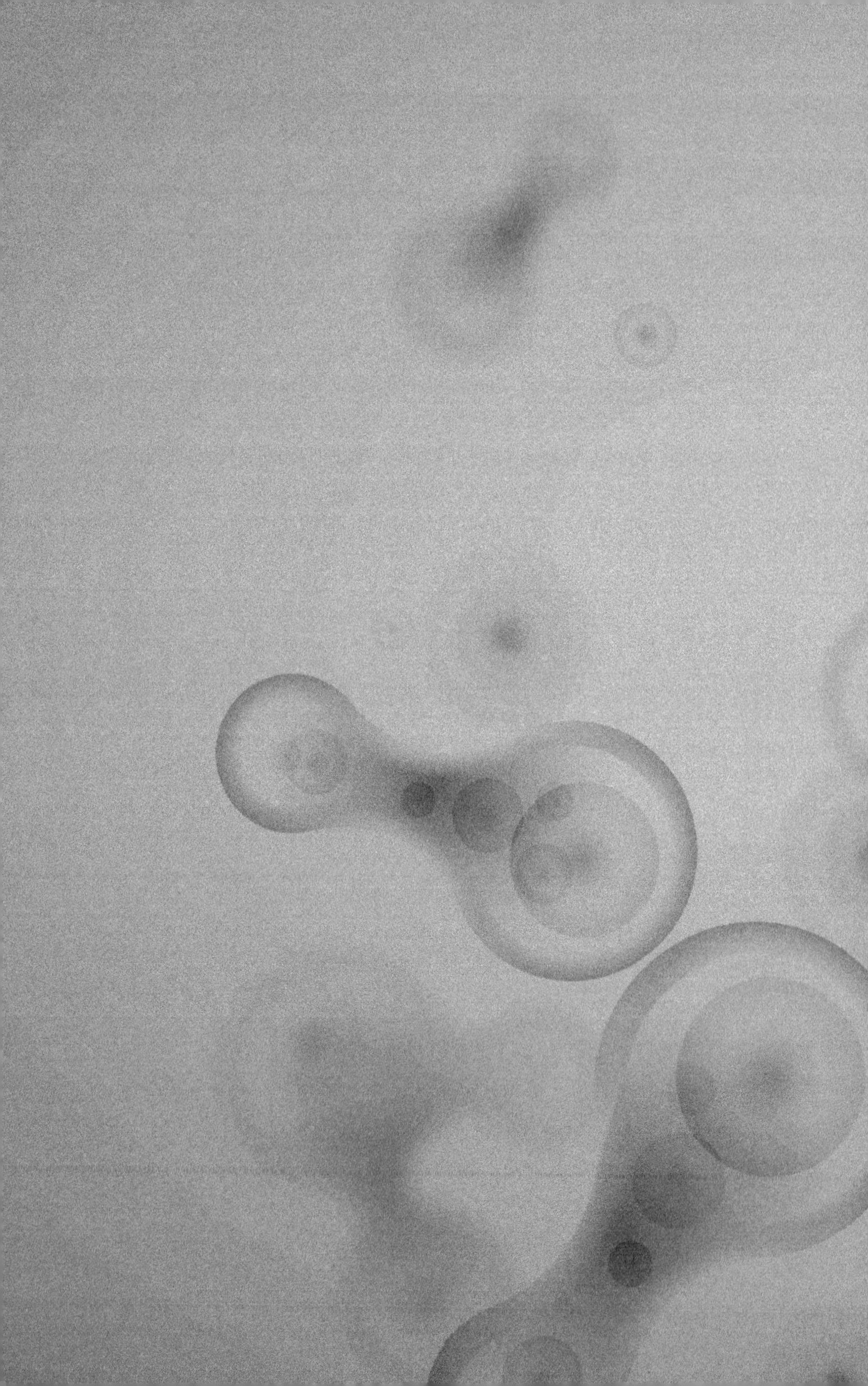

Apresentação

Muito se fala a respeito de *marketing* e sobre como essa atividade é capaz de influenciar o comportamento, a percepção e as decisões das pessoas em relação a marcas e a produtos. Quem nunca ouviu que a culpa pelas compras excessivas ou pelo consumo desenfreado da sociedade é "deste tal de marketing"?

Isso acontece porque a visão que as pessoas geralmente têm sobre o marketing diz respeito, na verdade, a seu aspecto visível, ou seja, o seu produto final, a publicidade, a propaganda ou a divulgação de algo.

Mas será que esses termos são capazes de gerar uma definição correta sobre o significado de marketing? Ou sobre qual é, de fato, a função dele, ou seja, o que ele faz ou deixa de fazer? Como ele pode influenciar as decisões de consumo? Se ele é realmente um vilão? A resposta a todas essas perguntas é simples: não! Porém suas explicações são complexas.

Assim, nosso principal objetivo nesta obra é abordar os princípios e as teorias do marketing e demonstrar algumas de suas utilidades para que você possa elaborar as suas próprias explicações a essas indagações. Para isso, buscaremos explicar e aplicar os princípios do marketing, bem como seus modelos de análise, princípios de planejamento e ferramentas de ação, e perceber o mercado, o cliente e o negócio para elaborar planos, tomar decisões e traçar rumos de ação.

Veremos que a publicidade é apenas uma das ferramentas da comunicação, a qual, por sua vez, refere-se a uma pequena parte dos atos de pensar e de planejar o marketing, pois as suas atividades são muito mais abrangentes e complexas, visto que envolvem conhecimentos, pesquisas, tomadas de decisão e desenvolvimento de produtos e de serviços que, depois de juntos, serão convertidos numa efetiva ação de marketing. As atividades dessa área, portanto, são fundamentais para qualquer tipo de empresa ou de organização, inclusive para a gestão hospitalar, com o intuito de melhorar os processos e alcançar resultados mais satisfatórios nessa área.

Dessa maneira, falar sobre o marketing na gestão hospitalar justifica-se pela preocupação com esse atual e desafiador tema. Porém, ainda há escassez de autores e certa inabilidade de muitas organizações nas discussões sobre esse assunto.

Em nossas pesquisas sobre a aplicação do marketing na gestão hospitalar, encontramos muitas dificuldades. Deparamo-nos com restrições, normativas e entendimentos éticos e comportamentais que dificultam a utilização do marketing tradicional. Por esses fatores, bem como por conversas com profissionais da área, sentimos a necessidade de desenvolver uma obra que procurasse abordar todos os aspectos compreendidos nessa questão.

Para acompanharmos a dinâmica do marketing na gestão hospitalar, contaremos com a contribuição de autores especializados nas áreas envolvidas. Os assuntos serão distribuídos em tópicos e temas. Indicaremos definições teóricas, exemplos reais e fictícios, modelos, esquemas, quadros, figuras e gráficos para facilitar a compreensão e a utilização dos conteúdos. Analisaremos alguns exemplos de sucesso, nos quais a aplicação de conceitos e de ferramentas de marketing contribuiu para melhorias no ambiente hospitalar, na percepção da qualidade dos serviços prestados e na construção da imagem organizacional.

Na primeira parte desta obra, que compreende os três primeiros capítulos, nosso foco será apresentar a essência do marketing. No Capítulo 1, abordaremos os seus fundamentos e as suas ferramentas. No Capítulo 2, falaremos sobre planejamento e analisaremos alguns modelos que podem ser seguidos nas ações de marketing. A seguir, no Capítulo 3, discutiremos a estratégia envolvida e as suas variáveis. Por fim, na segunda parte do livro, que compreende o Capítulo 4, nosso objetivo é demonstrar a aplicação dos conhecimentos de marketing especificamente à gestão hospitalar.

Com base nisso, ao final da leitura deste livro, esperamos que você elabore as suas próprias ações de marketing. Quem sabe você se anime a desenvolver um planejamento estratégico de marketing, afinal de contas, terá em suas mãos as ferramentas e o conhecimento necessários para isso.

Boa leitura!

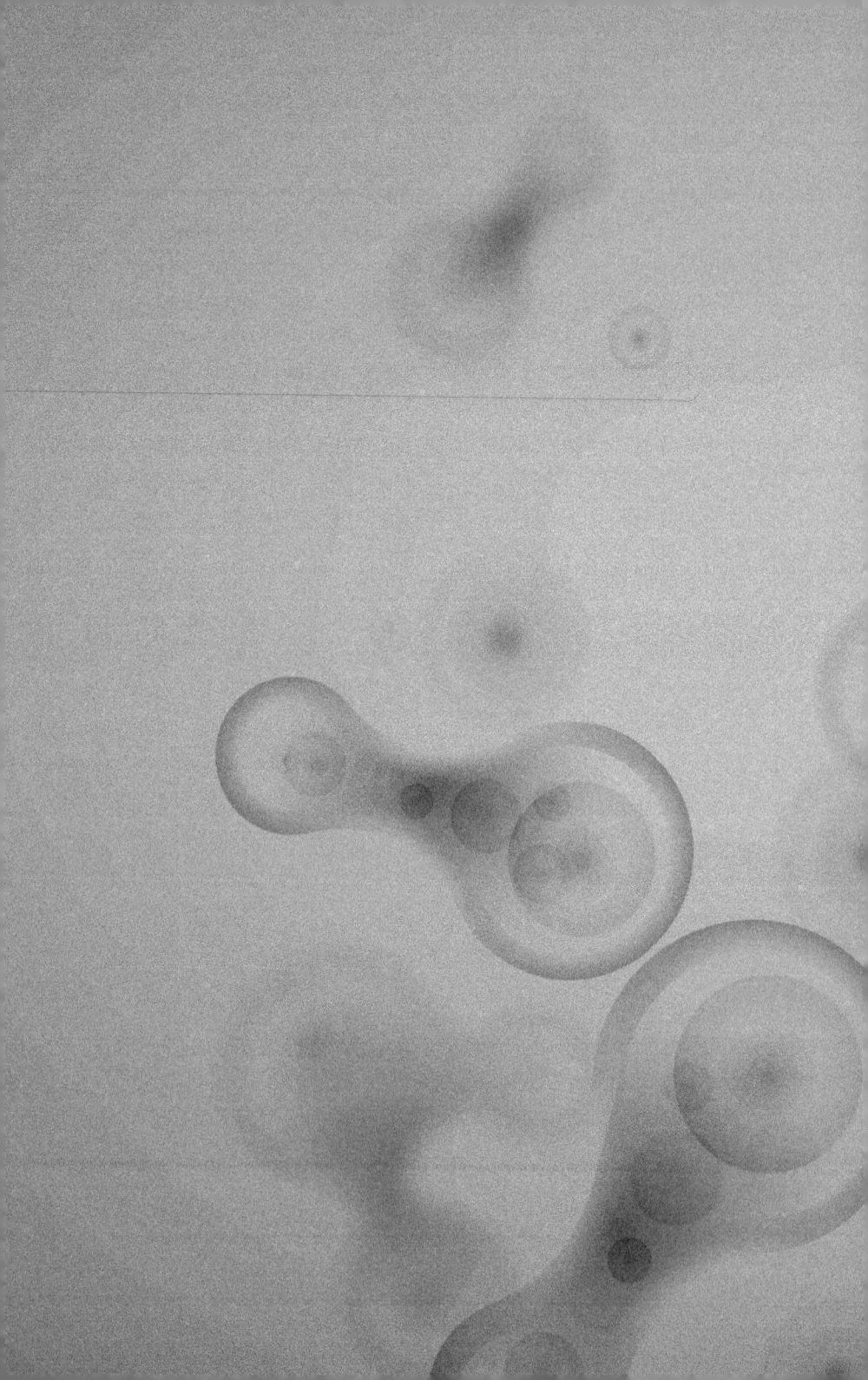

Como aproveitar ao máximo este livro

Este livro traz alguns recursos que visam enriquecer o seu aprendizado, facilitar a compreensão dos conteúdos e tornar a leitura mais dinâmica. São ferramentas projetadas de acordo com a natureza dos temas que vamos examinar. Veja a seguir como esses recursos se encontram distribuídos no decorrer desta obra.

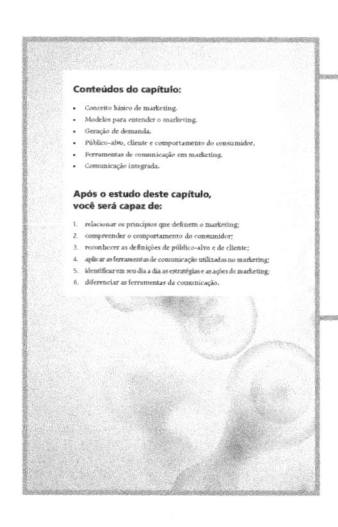

Conteúdos do capítulo:

Logo na abertura do capítulo, você fica conhecendo os conteúdos que nele serão abordados.

Após o estudo deste capítulo, você será capaz de:

Você também é informado a respeito das competências que irá desenvolver e dos conhecimentos que irá adquirir com o estudo do capítulo.

Síntese

Você dispõe, ao final do capítulo, de uma síntese que traz os principais conceitos abordados.

Questões para revisão

Com estas atividades, você tem a possibilidade de rever os principais conceitos analisados. Ao final do livro, o autor disponibiliza as respostas às questões, a fim de que você possa verificar como está sua aprendizagem.

Para refletir

Nesta seção você dispõe de algumas reflexões dirigidas com base no conteúdo trabalhado no capítulo.

Perguntas & respostas

Nesta seção, o autor responde a dúvidas frequentes relacionadas aos conteúdos do capítulo.

Para saber mais

Você pode consultar as obras indicadas nesta seção para aprofundar sua aprendizagem.

Estudo de caso

Esta seção traz ao seu conhecimento situações que vão aproximar os conteúdos estudados de sua prática profissional.

17

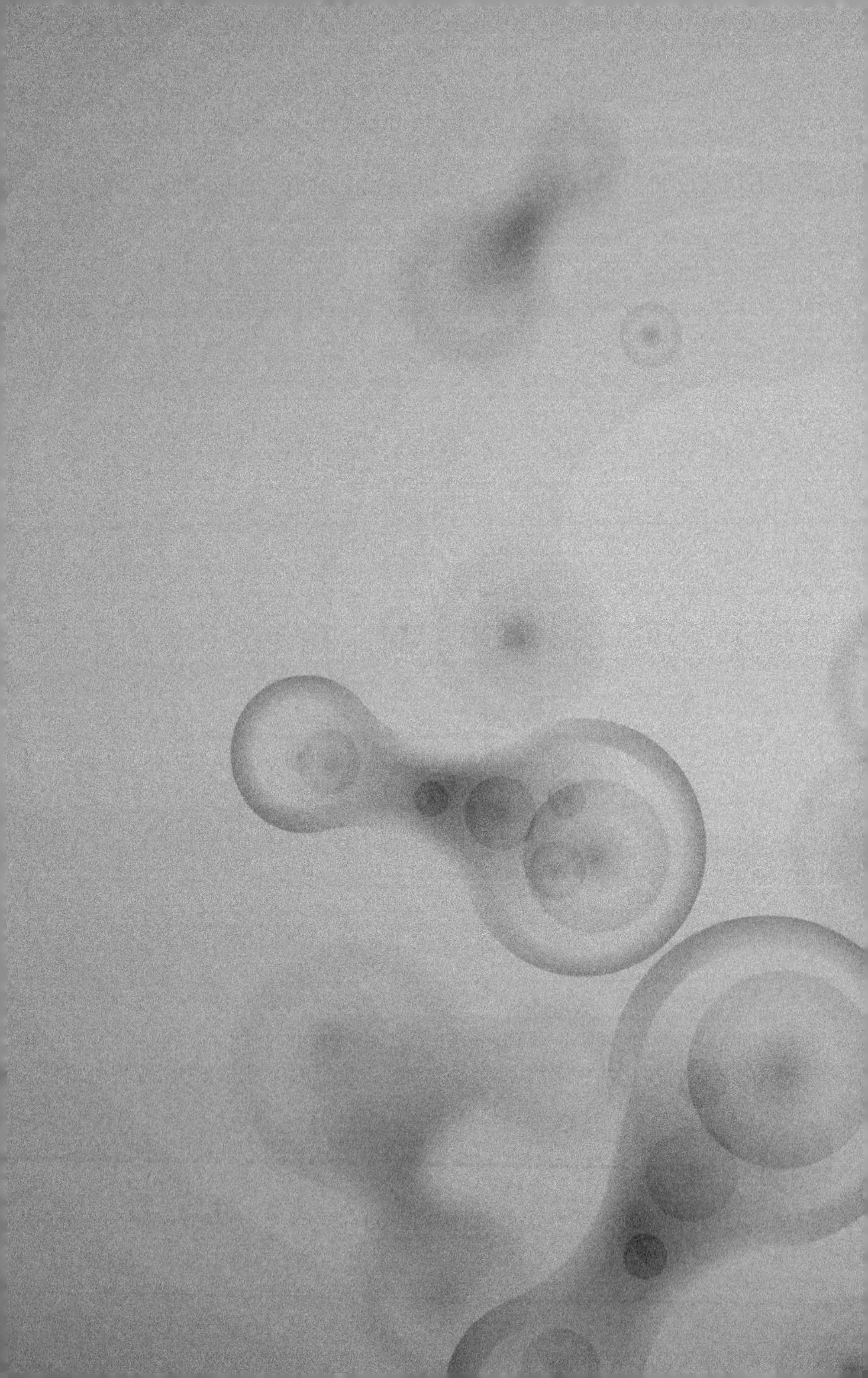

Capítulo 1
Fundamentos do marketing

Conteúdos do capítulo:

- Conceito básico de marketing.
- Modelos para entender o marketing.
- Geração de demanda.
- Público-alvo, cliente e comportamento do consumidor.
- Ferramentas de comunicação em marketing.
- Comunicação integrada.

Após o estudo deste capítulo, você será capaz de:

1. relacionar os princípios que definem o marketing;
2. compreender o comportamento do consumidor;
3. reconhecer as definições de público-alvo e de cliente;
4. aplicar as ferramentas de comunicação utilizadas no marketing;
5. identificar em seu dia a dia as estratégias e as ações de marketing;
6. diferenciar as ferramentas da comunicação.

Neste capítulo, apresentaremos os princípios fundamentais do marketing com base nas opiniões de alguns especialistas no assunto. Trataremos também do significado do marketing e da sua aplicação. Buscaremos apresentar não só o seu significado teórico, mas também o modo como ele ocorre e influencia nosso dia a dia.

Assim, veremos a teoria, as ferramentas e os modelos de marketing que nos auxilia a identificar e, principalmente, a aplicar o marketing na prática. Abordaremos, ainda, a relação entre o cliente e o produto, ambos igualmente importantes para as ações de marketing.

1.1 Afinal, o que é marketing?

Certamente, todos nós já ouvimos várias definições sobre marketing. Podemos supor, inclusive, que todo administrador se arrisque a criar sua própria definição sobre o tema. Alguns deles, com toda certeza, têm uma boa ideia dos elementos aos quais o marketing se refere. Mas tanto eles quanto nós sabemos dizer, realmente, o que é marketing, qual a sua função, como ele opera, que resultados esperamos dele? As perguntas são muitas e podem variar de acordo com a necessidade, o mercado, o produto e a situação do momento, entre outros fatores.

O conceito de marketing está muito presente em nosso cotidiano. Diversas vezes, ao vermos um anúncio, uma ação promocional ou a divulgação de alguma marca ou de algum produto ou serviço, logo associamos isso à ideia de marketing. Porém, é preciso percebermos que o marketing vai muito além de um anúncio ou de uma divulgação, pois envolve um quadro de operações mais abrangente e complexo, que não apenas foca na venda de determinado produto mas também compreende desde o conhecimento do mercado e a concepção do produto até o pós-venda e a fidelização dos clientes.

Para Zeca Martins, profissional da área de propaganda,

Marketing é a palavra da moda. Nem todos sabem lá muito bem o que é, mas todo mundo usa. Na verdade, traduções como mercadologia ou mercadização à parte, marketing é apenas e tão somente uma metodologia muito eficaz de promover vendas. Profundo bom senso em negócios. Só isso, mas com alguma sofisticação, é claro. (Martins, 2004, p. 28)

A origem da palavra *marketing* está relacionada à atividade de venda em mercado, isto é, promover o mercado, vender um produto, serviço ou marca a determinado consumidor ou público-alvo. Fernando Santini e Nelson Ludovico (2013) debruçaram-se sobre a origem desse termo. Segundo os autores, marketing provém do latim *mercari*, palavra usada para definir as relações de comércio na Roma Antiga, e é formada pela união de *market* (*mercado*, em inglês) com a terminação do gerúndio *-ing*, que caracteriza ação. Assim, *marketing*, em seu idioma original, significa "mercado em ação", "movimento" (Santini; Ludovico, 2013).

Na pesquisa, os autores ainda encontraram a primeira definição oficial de marketing, de 1935. Para a American Marketing Association (AMA), marketing é o "desempenho das atividades de negócios que dirigem o fluxo de bens e serviços do produtor ao consumidor ou usuário." (Santini; Ludovico, 2013, p. 5).

Santini e Ludovico (2013, p. 5) também destacam a definição que a AMA deu em 2004 para o termo: "marketing é uma função organizacional e um conjunto de processos para criar, comunicar e distribuir valor aos clientes e para administrar o relacionamento com estes de maneira que beneficie a organização e seus *stakeholders*".

Já no ano de 2008, a AMA conferiu ao marketing o caráter de "atividade, conjunto de instituições e processos, para criar, comunicar, distribuir e efetuar a troca de ofertas que tenham valor para consumidores, clientes, parceiros e a sociedade como um todo" (Santini; Ludovico, 2013, p. 5).

Assim, mais do que vender, o marketing se destina a atender ou a criar necessidades e desejos nos consumidores. Refere-se a "saber antecipadamente as características comportamentais, culturais, estéticas, psicológicas etc." (Martins, 2004, p. 29) do mercado ou do público-alvo.

Portanto, marketing é movimento uma ciência social e dinâmica, em constante mudança e evolução, e não uma ciência exata, na qual se calcula o resultado com base no investimento. Assim, não há fórmulas mágicas ou receitas prontas, tampouco apenas uma definição correta ou uma resposta definitiva sobre o que é marketing.

Podemos encontrar uma centena de definições, fórmulas ou procedimentos consagrados que apontem rumos e princípios que nos ajudam a definir e a compreender o marketing, a criar ações, a desenvolver mecanismos e a encontrar caminhos. É como estar em um labirinto que muda o tempo todo, mas que revela múltiplas possibilidades e saídas.

Para Marcos Cobra (2012, p.20), um profundo conhecedor do assunto, "mais importante que entender sua definição é compreender que marketing deve ser encarado como uma filosofia, uma norma de conduta para a empresa, em que as necessidades latentes dos consumidores devem definir as características dos produtos ou serviços a serem elaborados [...]". Assim, marketing não se trata de uma atividade final, voltada simplesmente para vender um produto, um serviço ou uma marca, mas de uma atividade administrativa estratégica que envolve todos os processos, pessoas e produtos da empresa, desde a sua concepção até a sua execução.

No processo de criação de um produto, por exemplo, o marketing exerce alguns papéis fundamentais, como: identificar a necessidade do mercado, atual ou futura; auxiliar no desenvolvimento do produto, de acordo com as expectativas do cliente; apontar os melhores canais de distribuição; ajudar a definir a política de preços; agregar valor. Assim, trata-se de uma atividade de antecipação e de acompanhamento de processo, por vezes compreendida apenas como referente às vendas ou à comunicação.

O marketing está envolvido em todas as áreas da organização e em todas as etapas de constituição de um produto ou serviço: pesquisa, planejamento, produção, recursos humanos, recursos financeiros, vendas, pós-vendas, assistência etc. Tais processos e etapas podem apresentar uma infinidade de variações para cada tipo de negócio, de produto ou de serviço, mas todas envolvem a atividade de marketing.

Para ilustrar esse conceito, apresentamos, a seguir, na Figura 1.1, o marketing ilustrado como um setor que interage com todas as demais áreas da empresa, influenciando-as e sendo influenciado por elas. Não é um setor isolado ou independente, mas estratégico e interdependente, responsável por reproduzir a imagem da organização e dos seus produtos e cuja atuação depende de todos os demais setores – ao mesmo tempo que os define, seja como guia, seja como auxílio.

Figura 1.1 – Interação do marketing com outros setores da organização

- Pesquisa e desenvolvimento
- Recursos humanos
- Produção e fabricação
- Financeiro e legal
- Marketing
- Logística e distribuição
- Pós-vendas, suporte e garantia
- Vendas e atendimento

Ressaltamos que não adianta uma empresa fazer um bom esforço nas vendas ou uma campanha gloriosa se o seu produto não atende às necessidades e aos desejos do consumidor. Por isso, também é função do marketing auxiliar no conhecimento do mercado e das necessidades dos consumidores, para orientar o desenvolvimento de produtos e serviços adequados, a seleção de mecanismos e pontos de venda, a definição de preços compatíveis e a geração de valor.

Para exemplificar as questões sobre o marketing abordadas até aqui, apresentamos, a seguir, uma entrevista fictícia com um dos principais gurus do marketing moderno, Philip Kotler, cujas perguntas foram elaboradas por nós de forma a "dialogar" com trechos da obra *Marketing para o século XXI* (Kotler, 2009, p. 10-11, grifos do original).

Senhor Kotler, é possível elaborar uma definição final sobre o que é marketing?

"Tenho uma história de amor de 38 anos com o marketing, mas o tema ainda me surpreende. Quando pensamos que finalmente compreendemos o marketing, inicia-se um novo ritmo e devemos seguir seus passos da melhor forma possível".

Fale-nos mais sobre essa dinâmica que envolve a atividade do marketing em relação aos outros setores das organizações.

"Eu percebi com clareza que os gestores de marketing, a fim de tomarem as melhores decisões, precisavam analisar os mercados e a concorrência em termos **sistêmicos**, interpretando as forças em atuação e suas diversas interdependências".

Pelo fato de que o marketing é, sobretudo, sistêmico, ele deve ser uma preocupação apenas de empresas que visam à venda de um produto ou também daquelas cuja atividade é a oferta de um serviço, como é o caso de faculdades e hospitais?

"Quase toda a teoria de marketing anterior a 1970 tratava de empresas com fins lucrativos, lutando para vender seus produtos e serviços com lucro. No entanto, outras organizações – sem fins lucrativos e governamentais – também enfrentavam problemas de marketing".

Mas que problemas eram esses? O senhor pode explicá-los?

"As faculdades competem por alunos; os museus procuram atrair visitantes; as organizações de artes cênicas querem conquistar mais público; as igrejas buscam fiéis, e todos buscam patrocínio".

Então essas empresas perceberam a necessidade de pensar e de investir em marketing por entender que se trata não somente de vender mas também de construir uma imagem e garantir a sua sobrevivência. Isso vale para os indivíduos também?

"Os indivíduos também realizam atividades de marketing: políticos buscam votos; médicos procuram pacientes, e artistas aspiram ao estrelato".

O que é comum em todos esses exemplos que o senhor nos forneceu? Qual é o objetivo de todo o investimento e de todos os programas de marketing incorporados por essas empresas e por esses indivíduos?

"Comum nesses casos é o desejo de uma pessoa atrair a reação ou o recurso de outra pessoa: atenção, interesse, desejo, aquisição, boa divulgação boca a boca".

E como conseguir esses objetivos?

"Contudo, para obter essas respostas, a pessoa deve oferecer algo que a outra perceba como tendo valor, para que a outra parte ofereça voluntariamente a resposta, ou o recurso, em troca. Portanto, a **troca** surge como o conceito central subjacente ao marketing".

Para complementar a entrevista com nosso ilustre convidado, separamos algumas das definições de marketing elaboradas pelo autor ao longo de sua carreira, conforme o ano em que foram publicadas:

- **1969**: "A criação, a implementação e o controle de programas calculados para influenciar a aceitabilidade das ideias sociais e envolvendo considerações de planejamento de produto, preço, praça e pesquisa de marketing" (Kotler, citado por Cobra, 2012, p. 27).
- **1995**: "[Marketing] é o processo de planejamento e execução desde a concepção, preço, promoção e distribuição de ideias, bens e serviços para criar trocas que satisfaçam os objetivos de pessoas e de organizações" (Kotler, 1995, p. 30).
- **1998**: "Marketing é a entrega de satisfação para o cliente em forma de benefício" (Kotler, citado por Santini; Ludovico, 2013, p. 7).
- **1999**: "Marketing é a ciência e a arte de conquistar e manter clientes e desenvolver relacionamentos lucrativos com eles" (Kotler, citado por Santini; Ludovico, 2013, p. 7).
- **2003**: "Marketing é o processo por meio do qual pessoas [...] obtêm aquilo de que necessitam e que desejam com a criação, oferta e livre negociação de produtos e serviços de valor com outros" (Kotler; Armstrong, 2003, p. 3).

A diversidade de conceituações dadas por um mesmo autor mostra-nos como esse tema é dinâmico e aberto. Por essa razão, não temos a pretensão de alcançar uma definição final ou elaborar um manual de aplicação prática para o marketing. Entretanto, é fundamental estabelecermos princípios norteadores para a atuação no marketing e com o marketing, bem como reflitarmos sobre tais princípios.

Portanto, ressaltamos algumas palavras-chave que se relacionam ao conceito de marketing, tais como: *produto, mercado, cliente, necessidade, desejo, valor, venda* e, obviamente, *lucro*.

A palavra *lucro* é mágica aos ouvidos de qualquer profissional ou empresário que busca investir em ações de marketing, pois a obtenção de lucro é o verdadeiro objetivo desse tipo de investimento. Assim como outros setores de uma organização, o marketing deve ser encarado como um local para investimento, devendo proporcionar retorno, independentemente da área em que se pretende atuar.

O que pretendemos esclarecer é que, ao investir em ações como a melhoria no atendimento, no ponto de venda, no relacionamento com o cliente, na imagem da marca, na comunicação visual, no *design* dos produtos e em tantas outras ações ligadas ao planejamento de marketing, a empresa deve objetivar o retorno do capital investido. Assim, marketing é um espaço de investimento, e não de gasto! É preocupante a realidade de alguns profissionais que geralmente citam "gastos" com ações de marketing e de comunicação. Será que eles realmente sabem o que pretendem fazer?

O grande problema está em avaliar com exatidão o resultado esperado, isto é, o lucro a ser obtido, pois estamos falando de um aspecto completamente subjetivo, imprevisível. É possível ter uma visão geral do quanto se pode lucrar com uma ação de marketing, porém isso nunca poderá ser previsto com precisão. Essa é a grande beleza – e também o grande desafio – de se investir em ações de marketing.

1.2 Modelos de marketing

A seguir, apresentamos três modelos consagrados para a compreensão do marketing:

1. os 4Ps: produto, preço, praça e promoção;
2. os 4Cs: cliente, custo (para satisfazer o consumidor), conveniência e comunicação; e
3. os 4As: análise, adaptação, aplicação e avaliação.

Ao contrário do que pode parecer, os nomes dos modelos acima não são simplesmente siglas com palavras que parecem ter sido escolhidas por iniciarem com a mesma letra, mas aspectos essenciais que devem ser observados ao pensarmos a estrutura e o planejamento de marketing.

1.2.1 Os 4Ps: produto, preço, praça e promoção

Sem dúvida, o modelo mais difundido para definir o pensamento de marketing é a teoria dos **4Ps**, inicialmente desenvolvida na década de 1950 pelo professor Neil Borden e, posteriormente, aprimorada por Jerome McCarthy. Para eles, ao analisar o composto de marketing, é preciso observar quatro pontos fundamentais: o produto, o preço, a praça e a promoção (do original *product, price, place and promotion*).

Assim, o gestor de marketing, ao analisar e considerar os aspectos necessários para a difusão de seu produto, serviço ou marca, deve observar essas quatro questões fundamentais (Kotler, 1995; Kotler; Keller, 2006; 2009; Cobra, 2012; Santini; Ludovico, 2013). A seguir, veremos cada uma delas sob uma ótica contemporânea:

- **Produto** – Trata-se do que é oferecido ao consumidor ou ao mercado físico, imaterial, virtual ou de serviços. Apresenta, como características, tamanho, formato, variedade, qualidade, preço, *design*, embalagem, marca e garantia, entre outras. O essencial ao se optar por desenvolver um produto ou serviço é ter como base a necessidade ou o desejo do cliente de obtê-lo.

  Um produto ou serviço é composto por dois aspectos fundamentais: um tangível e outro intangível. Pelo aspecto tangível, ele apresenta uma embalagem, um *design*, um conteúdo e determinados modelos e tamanhos, características relativas ao produto material em si. Por sua vez, quanto ao aspecto intangível, o produto é considerado pela sua capacidade de construção de valor – ou seja, extrapola a condição de algo palpável –, por meio da sua marca, da impressão de apresentar qualidade superior, da garantia, da padronização, do *status* que oferece etc.

  Em termos de serviços, a percepção de valor está muito ligada ao resultado obtido e à imagem proporcionada. Por exemplo, no caso de um serviço de saúde, como uma clínica, a imagem do ambiente físico e dos profissionais, entre outros aspectos, refere-se à embalagem do serviço, ao passo que o atendimento, o tempo de espera e de resposta e a atuação dos profissionais estão atrelados ao conteúdo. Assim, tanto o produto como o serviço podem construir imagens e valores superiores, para além do tangível.

- **Preço** – Diz respeito ao valor estabelecido para a venda do produto ou do serviço, o que inclui custos de produção ou de execução, processos, negócios, financiamentos, impostos, logística etc., mais o lucro esperado. É definido pela política de preços e de descontos do prestador, pelos prazos e pelas condições de pagamento.

A composição do preço também deve considerar a expectativa do consumidor e o valor agregado ao produto, ou seja, um produto com maior percepção de valor pode ter uma margem de lucro maior, pois o consumidor aceita pagar mais por ele.

Por exemplo, por mais que o custo produtivo de um tênis de uma marca famosa seja muito parecido com o de uma marca comum, os preços de ambos podem ser bem diferentes, pois a marca conhecida sabe que o consumidor estará disposto a pagar mais pelo tênis que produz devido à percepção de valor superior que esse produto implica. Assim, para manter suas boas margens, a empresa deve continuar a investir nessa percepção favorável por parte do cliente.

Em termos de serviço, por exemplo, um médico renomado pode cobrar mais pelas consultas que oferece devido à maior procura por seus serviços. Ainda que o custo fixo do seu trabalho seja semelhante ao de seus colegas – e mesmo que o consumidor saiba disso –, se a **percepção de valor** que ele passa for maior, as pessoas não se importarão em pagar mais pelo trabalho dele.

A questão essencial é encontrar o equilíbrio entre a composição de preço, os aspectos tangíveis e os intangíveis e o valor que o cliente aceita pagar pelo produto ou pelo serviço que recebe. Isto é, saber qual é o máximo que a empresa pode cobrar e que o cliente está disposto a pagar.

- **Praça** – Está relacionada ao mercado de atuação e de venda do produto ou do serviço. É definida por pontos de venda, localização, canais de distribuição, cobertura, estoque e entrega. Na análise de marketing, a praça refere-se ao ponto de venda ou de localização do produto considerando o consumidor e também o mercado em que tal produto está inserido. Para o sucesso nas vendas de um produto, é fundamental que a empresa esteja ao alcance do consumidor e saiba selecionar os melhores canais de distribuição.

A distribuição de um produto envolve as etapas de produção, venda, entrega e pós-venda. Já no caso de um serviço, relaciona-se ao ambiente no qual tal serviço é ofertado, à facilidade de encontrá-lo e de contratá-lo e à conveniência em recebê-lo.

- **Promoção** – É o conjunto de ferramentas utilizadas para se criar a estratégia de comunicação, ou *"mix* de comunicação", em marketing. Abrange o uso coordenado de vários elementos, como publicidade, relações públicas, promoção de vendas, vendas diretas, *merchandising*, marketing direto, comunicação visual e internet, conforme cada situação do mercado, do produto ou do serviço e a necessidade de aplicação.

A promoção não se restringe apenas à atividade de vendas. Pelo contrário, ela envolve todo um esforço de comunicar, promover e divulgar um produto, um serviço, uma pessoa, uma instituição ou uma ideia.

1.2.2 Os 4Cs: cliente, custo para satisfação, conveniência e comunicação

Na década de 1990, Robert F. Lauterborn propôs uma visão mais moderna para o marketing, focada no cliente e em suas expectativas, e não mais no produto. Ele criou o sistema dos **4Cs** como uma evolução do sistema dos 4Ps. Em sua definição, é preciso pensar no que o cliente necessita ou deseja (*consumers wants and needs*), no custo para satisfazê-lo (*cost to satisfy*), na conveniência para comprar (*convenience to buy*) e no composto de comunicação (*communication*).

Assim, nessa reflexão sobre o marketing, podemos incluir, à teoria dos 4Ps, já descrita, uma nova visão mais abrangente (Kotler, 1995; 2009; Kotler; Keller, 2006; Cobra, 2012; Santini; Ludovico, 2013):

- **Cliente** – Para que uma empresa opte por qual produto desenvolver, é essencial considerar as reais necessidades do cliente, bem como sua visão consumidora. É necessário conhecê-lo e aprender a se relacionar com ele, identificando suas necessidades e seus desejos, para, com base nisso, definir as características do produto.
- **Custo (para satisfação)** – Não basta a empresa definir um preço baseado na relação entre o custo e o lucro; pelo contrário, é preciso considerar, para tanto, a percepção de valor que o cliente revela a respeito da marca que oferta o produto e quanto ele está disposto a pagar por esse produto. A definição de preço envolve, portanto, o custo para satisfazer o cliente acrescido da margem de lucro esperada.
- **Conveniência** – Além da praça de atuação, a empresa precisa pensar e desenvolver todo o procedimento de atender satisfatoriamente ao cliente, que envolve o cumprimento de prazos de entrega, de pagamento e de recebimento, além de auxiliá-lo no processo de escolha do produto. Ou seja, é necessário estar disponível e ser acessível ao consumidor.
- **Comunicação** – Por fim, antes de criar estratégias para promover a marca, o produto ou o serviço, é necessário que a empresa desenvolva um composto de comunicação, formado pelas ferramentas de comunicação em marketing[1].

---

1   Em razão da complexidade e da variedade desse tema, ele será aprofundado na Seção 1.4.

Para facilitar o entendimento dos conceitos apresentados até agora, elaboramos o Quadro 1.1, que compreende de forma conjunta os dois modelos estudados, destacando os princípios que orientam a estratégia e o pensamento de marketing para cada um dos quatro itens de análise. Ao relacionarmos o conceito dos 4Ps ao dos 4Cs, cada P encontra um C correspondente, e os conceitos adquirem mais significado na mesma linha de raciocínio.

Quadro 1.1 – Equivalência entre os 4Ps e os 4Cs

Itens de análise	4Ps	4Cs
Necessidades e desejos do consumidor	Produto	Cliente
Custo e valor percebido	Preço	Custo
Mercado, distribuição e facilidades	Praça	Conveniência
Mix de comunicação	Promoção	Comunicação

Observe que os Cs complementam os Ps, em vez de os excluírem. A grande diferença entre os dois modelos reside no foco de concepção, pois, enquanto os 4Ps foram pensados sob a ótica do produto, os 4Cs priorizam o cliente. Assim, estes apresentam uma visão mais contemporânea, baseando a análise de marketing nas expectativas e na visão do cliente.

Talvez a grande dúvida até aqui seja: "Qual modelo usar como base em um planejamento?" A resposta é: "Tanto faz!" O importante é entendermos o princípio envolvido em cada aspecto de análise. O ponto de partida não é relevante se o foco for a satisfação das necessidades e dos desejos do cliente. Os modelos servem apenas como um roteiro mínimo do que deve ser observado.

Para aprimorar mais ainda essa compreensão, apresentamos, a seguir, o Quadro 1.2, no qual listamos os fatores mais relevantes a serem analisados em cada item apresentado nos 4Ps e nos 4Cs.

Quadro 1.2 – Itens de análise no composto dos 4Ps e 4Cs

4Ps	4Cs	Itens de análise
Produto	Cliente	• Pesquisa e desenvolvimento do produto • Conhecimento do cliente e do mercado • Programa de relacionamento • Linha de produtos e de serviços
Preço	Custo	• Custos de produção • Custos do negócio • Custos legais e financeiros • Margens de lucro • Políticas de descontos e de preços • Investimento na marca e no valor • Investimento em ações de comunicação
Praça	Conveniência	• Distribuição, logística e estoque • Pontos e canais de venda • Facilidades e serviços agregados • Formas de pagamento e de entrega
Promoção	Comunicação	• Publicidade • Merchandising • Relações públicas • Força de vendas • Promoção de vendas • Marketing direto • Marketing on-line • Comunicação visual • Parcerias • Patrocínios e apoios

1.2.3 Os 4As: análise, adaptação, aplicação e avaliação

O modelo do professor Raimar Richers, um dos primeiros teóricos do marketing no Brasil na década de 1970, é chamado de *sistema integrado de marketing*. Também composto de quatro itens, ficou conhecido como a teoria dos **4As**: análise (identificação das forças de mercado e coleta de informações), adaptação (de produtos e de serviços, com base na análise realizada), ativação (concretização do plano na prática) e avaliação (análise de resultados, forças e fraquezas) (Santini; Ludovico, 2013).

Quando foi desenvolvido, esse modelo tinha como objetivo substituir os 4Ps. Contudo, a experiência profissional revelou que muitas empresas adequaram esse sistema às suas necessidades de planejamento, e não à definição das competências de marketing.

Por isso, sugerimos que ele seja utilizado para ordenar o planejamento de marketing em fases, diferentemente dos 4Cs e dos 4Ps, os quais propõem ações de planejamento.

Nesse sentido, os As podem ser utilizados como uma sequência da análise dos Ps e dos Cs, e não como substitutos destes. A seguir, descrevemos em mais detalhes o significado de cada item dessa teoria (Kotler, 2009; Cobra, 2012; Santini; Ludovico, 2013):

- **Análise** – Refere-se ao exame da situação atual e à busca de informações por meio de pesquisas para conhecer as condições do negócio, do produto ou do serviço, para traçar as tendências. Para a construção da análise, a empresa pode utilizar alguns modelos como o *briefing* (questionário com perguntas referentes à empresa, abordando produtos, histórico, público-alvo, concorrentes e mercado) e a matriz Swot (ferramenta que permite a análise de forças, de fraquezas, de ameaças e de oportunidades para a empresa).

- **Adaptação** – Trata-se da fase de adequação da empresa, envolvendo o negócio, os produtos ou os serviços e as necessidades levantadas por meio da análise. O objetivo é apontar melhorias e criar sugestões de ação e de mudança, como o aprimoramento do atendimento, da comunicação, da linha de produtos e de serviços etc.

- **Aplicação** – Relaciona-se à fase de ativação, de emprego das ideias e das sugestões surgidas na análise. Na aplicação, coloca-se em prática tudo o que foi pensado no passo anterior. Se nas fases precedentes, por exemplo, planejou-se criar ou lançar um novo produto ou serviço, agora é o momento de fazê-lo.
- **Avaliação** – É a etapa em que se verifica o que funcionou positivamente e se analisam o esforço feito e os resultados obtidos. Todo processo de planejamento deveria ter como etapa contínua a fase de avaliação, pois é por meio dela que se adquire experiência e aprendizado, além de ser possível identificar quais esforços ou ações trouxeram resultados positivos e deverão ser mantidos, e quais fracassaram e, por isso, precisarão ser modificados ou cancelados.

Na sequência, apresentaremos com mais detalhes esses modelos, além de demonstrar a aplicação dos 4As em um modelo de planejamento de marketing que frequentemente utilizamos em aulas e consultorias.

1.3 Demanda, cliente, público-alvo e comportamento do consumidor

Neste tópico, abordamos questões essenciais sobre a análise da demanda e dos seus influenciadores e a sua relação com a efetivação de clientes, dentro de um universo-alvo.

Antes de alguém se tornar cliente de uma empresa, o marketing desta constrói uma elaborada estrutura de conhecimento e de ação para atrair e efetivar um consumidor. Nesse processo, faz-se necessário prever uma demanda e preparar-se para ela, conhecer o público-alvo e comunicar-se com ele, a fim de entendê-lo e relacionar-se com ele.

Os futuros clientes precisam ser atingidos pela comunicação, e conquistados e mantidos pela organização. Assim, existem diversos influenciadores de demanda e de compra, perfis de público e fatores de análise de comportamento. Por meio da análise desses indicadores, é possível saber como e por que as pessoas decidem-se por uma compra, principalmente em relação aos serviços de saúde.

1.3.1 Demanda

Entendemos por *demanda* o volume de clientes que procuram por um produto ou serviço em determinado espaço de tempo, com base em certo mercado ou em certa região. Assim, cabe ao planejamento – não apenas de marketing, mas de toda a organização – determinar a previsão de demanda e adequar-se a ela.

Por sua vez, a análise da demanda refere-se ao processo de prever a procura esperada, para preparar a empresa e a oferta de produtos e de serviços no intuito de atender adequadamente a essa procura. Tanto na indústria como no comércio e na prestação de serviços, prever e adequar-se aos estados de demanda presente e futuro é fator básico ao planejamento das ações de uma empresa.

Se, por exemplo, uma indústria não antecipa um significativo aumento na demanda por seu produto e não se prepara para isso, irá não apenas perder vendas mas também abrir caminho para a entrada ou o crescimento de concorrentes. Também no caso de não prever a queda na demanda, e não se preparar para ela, acarretará prejuízos, como a existência de produtos parados em estoque ou de estrutura ociosa.

Há alguns anos, por exemplo, com o aumento dos casos de gripe do tipo A, houve um significativo crescimento na procura por álcool em gel, por se tratar de uma substância de prevenção a esse problema de saúde. Assim, criou-se uma grande demanda pelo produto, o que gerou, como consequência, a falta dele na indústria e no comércio.

Mesmo sendo difícil prever a demanda, tanto a indústria como o comércio tinham de estar preparados para enfrentar períodos de aumentos e de baixas na procura pelo álcool em gel. Nesse exemplo, a não previsão do aumento da demanda gerou a falta do produto, o que causou ainda mais procura por ele e, praticamente, quase triplicou o seu preço.

Os fatores que influenciam diretamente a demanda de mercado podem ser classificados como: clientes positivos e negativos, influenciadores, intermediários, concorrentes, ambiente externo e meio ambiente. Todos esses fatores são externos à organização, ou seja, estão fora do seu controle imediato, mas dentro do seu campo de análise e de preparação, podendo caracterizarem-se como ameaças ou oportunidades. A seguir, comentamos cada um deles:

- **Clientes**[2] – Sem dúvida, os clientes são os agentes mais importantes na análise da demanda, pois são eles quem procuram pelos produtos ou serviços. Por isso, toda a organização precisa estar preparada para atender ao cliente em cada ponto de contato, saber ouvi-lo, resolver seus conflitos, colher informações sobre ele e, assim, adquirir conhecimento para aperfeiçoar cada vez mais a experiência de compra e venda.

    No entanto, o cliente, fator gerador de demanda, pode atuar como agente tanto positivo quanto negativo. Assim como o

---

[2] A fim de contemplar a complexidade desse tema, veremos com mais detalhes, na Seção 1.3.2, os aspectos que envolvem o cliente.

bom atendimento a um cliente implicará potencialmente seu retorno e a indicação de novos consumidores, um cliente mal atendido será, possivelmente, um influenciador negativo, um promotor de futuros não clientes.

É consensual na área de marketing que um cliente bem atendido, para além de suas expectativas, pode influenciar positivamente seis outras pessoas a adquirirem o mesmo produto ou serviço. Por sua vez, um cliente mal atendido pode influenciar negativamente até quatro vezes mais pessoas do que aquele que recebeu um bom atendimento. Ainda, esse consumidor pode causar um verdadeiro problema se reclamar via redes sociais. Assim, é muito mais saudável para a organização focar no bom atendimento e criar uma política de resolução de falhas e de conflitos.

Além do cliente atual, que conhece a organização e com ela mantém contato, há também o cliente futuro, em potencial. Para atraí-lo, é fundamental conhecê-lo, o que pode ser possível por meio de pesquisa de mercado. A organização, portanto, deve buscar conhecer o seu público, considerando aspectos como: localização, idade, sexo, classe social, estilo de vida, hábitos de consumo e motivação.

- **Influenciadores** – São agentes presentes no mercado que influenciam diretamente a decisão de compra dos clientes em relação às opções de produtos e de serviços disponíveis, como médicos, mecânicos e técnicos. O papel do influenciador na criação de demanda é, muitas vezes, ignorado na estratégia de marketing das empresas. Contudo, principalmente no segmento de marketing hospitalar, sua influência é direta e decisiva.

Tomemos como exemplo o papel do médico na condição de influenciador de mercado. As indicações feitas por ele serão fundamentais para que seus pacientes optem por um ou por outro produto ou serviço. Assim, o médico pode dar duas opções de medicamento a seu paciente e revelar qual deles é o de sua preferência, ou, ao solicitar exames, indicar a clínica que lhe é mais confiável. Tais razões explicitam que o médico se trata de um agente de influência direta nas decisões de consumo do cliente.

Algumas ações a serem adotadas por empresas que percebem a importância de influenciadores de mercado sobre as decisões de consumo de seus clientes são: participação em congressos, em feiras e em eventos da área; formulação de materiais técnicos e explicativos, tanto em meio digital como impresso; patrocínio de profissionais de destaque em sua área; visita de promotores a grandes influenciadores; distribuição de brindes e de amostras; além das ações do composto de comunicação, que veremos no decorrer desta obra.

- **Intermediários** – São responsáveis por estabelecer a ponte entre o consumidor e o fabricante, ou entre aquele e o canal de vendas ou de entrega, o qual é definido por um representante, distribuidor ou comerciante. O intermediário tem contato direto com os clientes e é quem, em última instância, promove e vende o produto ou o serviço da empresa para a qual trabalha. Por exemplo, no caso de um fabricante de remédios, o cliente final é o paciente, o influenciador é o médico – ou até mesmo o farmacêutico (no caso de medicamentos vendidos sem a necessidade de prescrição médica) – e o intermediário é a farmácia, o comércio que distribui o medicamento.

Segundo o Código de Defesa do Consumidor (CDC) – Lei n. 8.078, de 11 de setembro de 1990 (Brasil, 1990) –, o intermediário tem a mesma responsabilidade que o fabricante ao responder pelos produtos e serviços que comercializa. As seções II e III do código (do art. 12 ao art. 23) dispõem que o fabricante, o representante, o importador, o comerciante e o prestador de serviço devem ser solidários na culpabilidade e na reparação de dano ao consumidor.

O relacionamento com o intermediário é, portanto, fundamental para o bom desempenho das vendas – se o distribuidor vai mal, o fabricante também vai mal. Assim, empresas preocupadas com o resultado das vendas e o desempenho dos distribuidores criam políticas de relacionamento com seus canais de vendas, disponibilizam materiais de apoio, ações de comunicação e políticas de preços e de promoções, entre outros.

- **Concorrentes** – Referem-se às empresas de produtos ou de serviços que competem por um mesmo consumidor em determinado mercado. O ambiente concorrencial é fundamental para o crescimento dos mercados, bem como para a evolução dos produtos e a manutenção de preços justos. É benéfico não apenas para os consumidores, que podem optar pelo produto ou pelo serviço que melhor se adequar a suas necessidades, mas também para as organizações, que devem criar oportunidades para se aprimorarem e evoluírem, em virtude da concorrência.

Os concorrentes podem ser classificados em *diretos, indiretos, futuros* ou por *substituição*. Os **concorrentes diretos** vendem os mesmos produtos ou serviços; os **indiretos** oferecem algo semelhante, mas não igual, apesar de concorrerem pelo mesmo público (por exemplo, um restaurante italiano e outro de comida japonesa são concorrentes indiretos).

Por sua vez, os **concorrentes futuros** são aqueles que apresentam potencial para entrar no mercado ou competir pelo cliente que já tem as suas preferências. Por fim, os **concorrentes por substituição** referem-se a empresas que ofertam produtos ou serviços distintos, mas que podem competir pelo recurso ou pela decisão de compra de determinado público-alvo (por exemplo, no caso de uma família que precisa decidir entre viajar ou trocar de carro, há duas empresas envolvidas: uma concessionária de veículos e uma agência de viagens).

A análise do ambiente concorrencial é fundamental para a organização manter a competitividade de seus produtos e de seus serviços, bem como a qualidade no atendimento e nos processos, além de servir de parâmetro para a composição e a oferta de preços. Ter uma boa visão de como se posiciona a concorrência é algo que deve ser encarado por todos os setores de uma organização como uma possibilidade de visualizar melhorias e de incorporar novas ferramentas e processos, ou seja, como uma possibilidade de evolução.

No caso de organizações de saúde, a análise da concorrência deve deixar de lado o aspecto concorrencial e concentrar-se na busca pela melhoria da experiência do paciente. Isto é, ao observar outras organizações, é possível incorporar avanços no atendimento, nos processos, nos serviços agregados, nos usos de materiais e de equipamentos, entre outros.

Diante de todo esse processo de análise, se ainda restar dúvida sobre quem são os concorrentes de uma organização, basta perguntar para o cliente. Ele é o melhor canal para a obtenção de informações sobre melhorias nos produtos, nos serviços e nos processos ofertados. Por meio das opiniões dos clientes, a organização pode identificar, também, quem são os concorrentes diretos, indiretos ou por substituição.

- **Ambiente externo** – É composto por diversos fatores que, apesar de estarem fora da esfera de alcance da empresa, influenciam diretamente a sociedade, tais como a política, a economia, a cultura e a tecnologia, as quais podem alterar o mercado e, consequentemente, a demanda.

  No aspecto político, podem existir mudanças na legislação, em órgãos de controle e na fiscalização, implicando alterações no comportamento das empresas. No aspecto econômico, a mudança de um ambiente de crise para um de crescimento econômico (ou vice-versa) gera alterações na procura por serviços de saúde eletivos ou estéticos e por planos de saúde.

  Por sua vez, no aspecto cultural, valores, crenças e costumes de certos consumidores devem ser considerados. Por exemplo, os seguidores da denominação cristã Testemunhas de Jeová não aceitam realizar transfusão de sangue; por isso, o Hospital Panamericano, em São Paulo, estabeleceu normas e condutas para o atendimento desse público. Já no âmbito tecnológico, as mudanças e as evoluções da tecnologia podem modificar processos e procedimentos. Atualmente, por exemplo, é possível até mesmo agendarmos e recebermos resultados de exames via *smartphones*.

- **Meio ambiente** – Diz respeito aos aspectos naturais nos quais os produtos e os serviços estão presentes, cujas alterações (provocadas por agentes naturais ou artificiais) podem alterar a oferta de demanda das empresas. Questões como sazonalidade e mudança de temperatura devem ser consideradas.

Por exemplo, sabemos que nos meses de inverno, principalmente nos estados da Região Sul do país, aumenta muito a procura da população pelos serviços de saúde ligados aos problemas respiratórios. Essa é uma tendência sazonal de demanda gerada por questões ambientais – nesse caso, o frio.

Há, também, outras questões, como períodos de chuva ou de falta de umidade no ar, que podem influenciar no comportamento do consumidor e, consequentemente, no fluxo da demanda, principalmente por serviços de saúde.

Enfim, diversos são os fatores que podem influenciar no fluxo de demanda por produtos e serviços. Contudo, cabe aos profissionais de marketing gerar estímulos à criação de demanda por meio de ações de comunicação.

1.3.2 Cliente e público-alvo

Os futuros clientes também podem ser definidos, em nível estratégico ou conceitual, como público-alvo ou *target*. Consideramos *público-alvo* o universo de pessoas em acordo com um perfil médio que se pretende atingir, por meio de estratégia de marketing, com o objetivo de torná-las clientes.

Antes de tornar-se cliente, uma pessoa precisa ser conquistada, atraída por uma empresa que vende determinado produto ou presta determinado serviço. Assim, é fundamental à empresa conhecer o seu público-alvo. Nesse sentido, existem diversos procedimentos aos quais ela pode recorrer para conhecer o perfil de futuros clientes, tais como: contratar empresas especializadas em pesquisa de mercado; utilizar métodos e programas de levantamento de dados; coletar informações sobre os futuros consumidores.

Conhecer o público-alvo implica investir em informações sobre ele. Significa saber onde ele mora, a sua faixa etária média, à qual classe social pertence, que estilo de vida leva, quais são seus hábitos de consumo e suas motivações de compra, a religião que pratica, além de aspectos psicológicos e culturais, entre outros. O conhecimento adquirido sobre os clientes em potencial não serve apenas para auxiliar na sua conquista, mas principalmente para saber como atendê-los.

Além do conhecimento do perfil geral do público-alvo, é importante perceber os estágios de vida nos quais os clientes se encontram e quais mudanças estão em curso na vida deles, considerando que tais transformações podem acarretar diferenças em suas escolhas de consumo e em suas necessidades de serviços. Um mesmo perfil de público pode apresentar diversas variações de necessidades e preferências, de acordo com os estágios ou os momentos de vida das pessoas que fazem parte dele.

Tomemos como exemplo uma mulher de 30 anos, independente, residente em um bairro nobre de uma capital brasileira, católica, com preferências de consumo envolvendo alimentação e hábitos saudáveis. À primeira vista, parece um perfil muito bem definido de público-alvo; contudo, o momento pelo qual essa mulher está passando pode ser determinante para suas decisões e suas expectativas de consumo.

Por exemplo: ela pode estar noiva (seus pensamentos, portanto, podem estar concentrados em tudo que envolve o casamento); recém-casada e morando com o marido (pensando em adquirir móveis para a casa nova); grávida (com urgência em montar o enxoval do bebê); pode ser mãe de crianças pequenas (preocupando-se com tudo que envolve a educação dos filhos). Essa mulher pode ter aberto uma empresa, estar cuidando de um parente doente ou dos pais já idosos, ter iniciado uma faculdade, entre outras possibilidades. Talvez ela esteja prestes a divorciar-se ou tenha perdido um filho. Enfim, esses exemplos servem para explicitar que alterações no ritmo de vida podem alterar as necessidades e os desejos dessa mulher e, por extensão, de qualquer consumidor.

A pergunta que a empresa deve fazer após definir o seu público-alvo é: "Que mudanças em sua fase ou em seu ritmo de vida podem alterar seu perfil de consumo a ponto de modificar a procura por nosso produto ou serviço?" Após compreender essas possibilidades de mudanças, fica mais fácil preparar-se para falar com o público-alvo e atender aos clientes.

O público-alvo também pode ser segmentado de acordo com seu papel no processo de compra. Nesse caso, os perfis mais comuns de consumidores, tendo como base Kotler (2009), Kotler e Keller (2006) e Delgado e Benavides (2012), são os elencados a seguir:

- **Indicador** – Pessoa que manifesta que marcas ou empresas prefere, gosta ou conhece, normalmente devido à sua experiência positiva com o produto ou com o serviço.
- **Influenciador** – Papel exercido por profissionais que recomendam marcas ou empresas. Exemplo: um médico que indica determinada marca, clínica ou laboratório de confiança.
- **Decisor** – Quem, efetivamente, decide onde será realizada a compra. Um diretor de empresa, antes de tomar alguma decisão, normalmente avalia a opinião dos especialistas e das pessoas envolvidas na compra e a relação custo-benefício.
- **Comprador** – Pessoa que vai até a empresa realizar a compra (na maioria das vezes, é o próprio decisor ou alguém subordinado a ele).

- **Pagador** – Quem paga pela compra. Pode ser o financiador (por exemplo, um pai que paga o curso dos filhos ou o plano de saúde) ou o setor financeiro de uma organização.
- **Usuário** – Cliente final, aquele que usará o produto ou o serviço.

A atuação desses perfis pode ser exemplificada da seguinte forma: uma pessoa precisa contratar um serviço de saúde, como o auxílio de um fisioterapeuta, para a sua avó. Nessa situação, o indicador poderá ser um parente ou um amigo que já tenha procurado por esse serviço; o influenciador será o médico que dará opções de bons profissionais que conhece; o decisor será a própria pessoa que busca o serviço, pois ela está mais envolvida no processo; o comprador poderá ser o cônjuge ou outro parente, que irá até a clínica agendar as seções; o pagador, o plano de saúde; e, finalmente, o usuário será o paciente – nesse caso, a avó.

Observe quantas pessoas estão envolvidas nesse processo, todas com uma grande parcela de influência. A dificuldade, portanto, consiste em perceber todos os clientes, atraí-los, atendê-los e conquistá-los. Quem conseguir realizar isso garante a demanda.

Mas não basta reconhecer a diversidade de clientes e de influenciadores na decisão de compra. A organização também precisa preparar-se para atrair e atender ao seu público com os objetivos de mantê-lo e de torná-lo fiel e parceiro da empresa. O relacionamento com o público deve evoluir. A ele deve ser oferecido bons atendimentos e resultados, o que certamente acarretará a ampliação do seu contato e do seu relacionamento com a organização.

Para ilustrar a evolução do contato do público-alvo com a empresa, apresentamos a Figura 1.2, a seguir.

Figura 1.2 – Evolução do contato do público-alvo com a empresa

```
                                           Parceiros
                                                ↑ Superação de
                                  Membros        expectativas
                                        ↑ Programas de
                         Clientes fiéis   relacionamento
                    Clientes      ↑ Fidelização e
                    assíduos        comunicação
               Clientes    ↑ Relacionamento
     Consumidores  ↑ Experiência positiva
Público-alvo  ↑ Ações de comunicação
                e marketing
  ↑ Pesquisa e análise
```

Quando ainda não conhece os clientes, a empresa pode compreendê-los sob o escopo do público-alvo, ou seja, de todas as pessoas a que deseja atender, mas que ainda não compraram o seu produto. Para conhecer melhor o público-alvo e poder defini-lo com exatidão, é preciso investir em pesquisa de mercado. E para que as pessoas que formam esse público-alvo também conheçam a empresa e se tornem consumidores dos seus produtos, é necessário investir em ações de comunicação.

À medida que os consumidores têm contato com a organização, suas relações com ela evoluem. De consumidores, eles passam à condição de clientes. Se vivem experiências positivas em virtude dos produtos e serviços adquiridos, eles retornam para novas compras e experiências, tornando-se, então, clientes assíduos. Portanto, se as experiências satisfatórias perduram e a organização sabe relacionar-se adequadamente com os clientes, estes se tornam fiéis, sempre optando pela marca de sua preferência, bem como pelos produtos e serviços que ela oferece.

A continuidade desse relacionamento positivo pode significar o ingresso dos clientes nos programas de relacionamento da organização, como os clubes de clientes. Assim, eles acabam se tornando uma espécie de membros da empresa, defensores da organização. O passo final é quando esses clientes-membros se tornam parceiros da instituição, muitas vezes auxiliando no próprio desenvolvimento dos produtos e serviços que utilizam, fornecendo dicas aos organizadores. Por fim, ao tornarem-se parceiros os clientes podem ajudar a resolver conflitos, participando de avaliações e de conselhos e contribuindo financeiramente por meio de doações – no caso de um hospital – ou pela compra de ações da empresa.

Para completar, cabe ressaltarmos a contribuição de Kotler (2009) que, em um de seus seminários, pediu a diversos administradores para que descrevessem a visão que tinham dos clientes de hoje. Eis as respostas:

- *Os clientes estão cada vez mais sofisticados e sensíveis aos preços*
- *Dispõem de pouco tempo e querem mais comodidade*
- *Percebem uma equivalência crescente nos produtos de diversos fornecedores*
- *São menos sensíveis à marca do fabricante e mais propensos a aceitar marcas e os genéricos*
- *Têm alta expectativa em relação aos serviços*
- *São cada vez menos fiéis ao fornecedor.* (Kotler, 2009, p.25)

Enfim, o cliente é quem faz tudo ter sentido, pois não há negócio, produto ou serviço sem que ele exista.

E quando falamos de clientes, falamos de pessoas. O foco no relacionamento com os clientes precisa basear-se no fato de que são pessoas com seus sentimentos, preferências, medos, inseguranças, orgulhos, vaidades e uma infinidade de outras características e emoções.

Frequentemente, ouvimos que "o cliente sempre tem razão". E isso significa que precisamos compreender o que o cliente deseja ou do que precisa. Muitas vezes, nem ele sabe a resposta. Mesmo que ele sequer entenda o que você diz, continua precisando de você, da sua atenção e da sua compreensão.

Para comentar esse assunto, recorremos ao professor Waldomiro José Pedroso Federighi (2005, p. 104-105):

> *Precisamos ter em mente que cliente é aquela pessoa para quem fazemos alguma coisa deliberadamente, que todo cliente é um consumidor que, independentemente do que quer, compra ou demanda, busca uma resposta esperada. E aí se torna primordial saber o que ele deseja realmente. É preciso ter em mente que o negócio não existiria se não houvesse o cliente.*
>
> *O segredo de se ter um cliente satisfeito está em saber o que ele quer e tomar providências para que o setor operacional o produza satisfatoriamente. Os fornecedores de bens ou serviços que conseguirem realizar essa tarefa serão requisitados para fazê-lo novamente.*

Assim, a mudança de visão do marketing tradicional – e isso se aplica a todos os segmentos de marketing, e não apenas ao hospitalar – consiste em perceber que o cliente é uma pessoa e que ela é mais importante do que o lucro e a venda. Principalmente nos serviços de saúde, o objetivo deve ser a satisfação do cliente (ou paciente), o que implica uma estrutura e uma filosofia de atendimento adequadas. Toda a organização precisa estar preparada para atender ao cliente em cada ponto de contato, saber ouvi-lo e colher informações sobre ele, agregar-lhe valor e resolver os conflitos que o envolvam. Nesse sentido, sobre a postura da organização em ver o problema de seu cliente como o foco de sua atividade, Federighi (2005, p. 105) completa:

> *É preciso estar claro para todos os integrantes do hospital que num dado momento somos clientes e no outro momento somos fornecedores de serviços. Essa clareza nos levará à parceria na resolução dos problemas encontrados.*
>
> *É importante que todo o pessoal consiga entender que os problemas surgidos são "nossos problemas", ou seja, são problemas do hospital como um todo e não de um setor em específico.*

Em se tratando de qualidade de atendimento ao cliente, falamos em entrega de valor superior, ou seja, a busca por atender às pessoas para além das suas expectativas, mesmo em realidades ou em condições adversas, o que é muito comum na área hospitalar.

Nesse sentido, João Catarin Mezomo (2001) explica que o paciente é o centro da administração da qualidade dos serviços de saúde. Esse autor cita que a atual administração da qualidade na gestão hospitalar já não se preocupa tanto com o mercado nem com os produtos, os serviços e os processos, mas com a efetiva satisfação dos pacientes. O que interessa é atender dando prioridade àquele que é a razão de ser dos hospitais. Para ele, "o enfoque centrado no paciente termina também com a soberania do médico que, muitas vezes, entende que a qualidade só pode ser entendida e definida por ele [cliente]" (Mezomo, 2001, p. 64); ou seja, a qualidade dos produtos e dos serviços é julgada pelo cliente, e não pelo fornecedor.

1.3.3 Comportamento do consumidor

Por que as pessoas escolhem determinado produto? A resposta a essa questão reflete a importância de conhecer o comportamento do consumidor.

Como apontado anteriormente, é importante conhecer não apenas o público-alvo mas também o comportamento de consumo das pessoas que fazem parte dele. Esse conhecimento auxilia no desenvolvimento das ações de comunicação e de marketing e, principalmente, na adequação dos processos, dos produtos e dos serviços oferecidos.

A análise de como as pessoas se comportam quanto ao consumo inclui conhecer os dados demográficos, geográficos, culturais e psicológicos delas, saber o que é importante para os seus estilos de vida, o que as leva a decidir por uma marca ou por um serviço em comparação com outro. Em resumo, analisar como e por que os clientes decidem realizar uma compra. E, com base nessas informações, poder auxiliá-los a decidir e atender-lhes dentro de suas expectativas.

Os consumidores, apesar de classificados em padrões como público-alvo, estilo de vida e nível de influência, ainda podem apresentar variações de consumo de acordo com os perfis de cada um. É importante lembrarmos que cada ser humano é único. Mesmo que os departamentos de marketing se esforcem em rotular os clientes (para maximizar as vendas), estes constantemente escapam aos padrões estabelecidos. Assim, o ato de conhecer o comportamento dos consumidores visa a compreendê-los, e não a rotulá-los.

A ideia não é apresentar ou desenvolver um modelo para enquadrar os clientes, mas para adquirir informações no intuito de conhecer suas necessidades e atender-lhes de forma personalizada[3]. Nesse processo, a organização perde o foco de seu produto ou serviço e percebe que seu real objetivo se baseia em bem atender ao cliente. Assim, quando ele e as expectativas do mercado mudarem, as organizações deverão mudar também.

A maneira como as pessoas se comunicam mudou. Os consumidores formam e participam de comunidades e de redes sociais, interagem e conversam de acordo com os seus interesses. O mercado e os consumidores estão conectados e informados, não há mais espaço para desculpas vazias, ausência de respostas ou atendimento ruim.

Com relação aos serviços de saúde, percebemos que não se trata apenas de uma questão de apresentar resultados satisfatórios, mas da repercussão de todo o processo. Assim, o papel do marketing assume uma postura de auxiliar no desenvolvimento das relações entre o paciente e a organização.

O **perfil de comportamento do consumidor** ou de um grupo de consumidores é fator decisivo nos processos de decisão de

---

[3] Há um famoso programa de relacionamento com clientes, que abordaremos com mais detalhes na Seção 3.5.

compra, os quais, embora possam parecer essencialmente emotivos e subjetivos, são, na verdade, processos lógicos e empíricos, baseados na percepção e na experiência de fatores pessoais e sociais.

O comportamento de compra do consumidor pode ser influenciado por aspectos internos, externos ou de situação. Nos aspectos internos, a ação do consumidor é motivada por suas particularidades, como necessidades, desejos, crenças, atitudes, percepções, preconceitos, personalidade, motivações, hábitos, interesses e aprendizagem. Já nos aspectos externos, a ação é influenciada por elementos como família, classe social, amigos, vizinhos e cultura.

Por sua vez, nos aspectos situacionais, o consumidor pode ser influenciado de acordo com o seu momento atual, expresso em fatores como o ambiente físico à sua volta, o tempo disponível para a compra, a razão de estar comprando ou, até mesmo, o seu estado de humor. Não é raro que as pessoas sejam influenciadas a adquirir tal produto ou serviço em virtude de seu estado emocional (felicidade, descontração, frustração e tristeza).

É importante percebermos que o comportamento do consumidor é determinado pelo conjunto de fatores que envolvem sua personalidade, sua experiência de vida e o ambiente que o cerca.

Nesse contexto, citamos a teoria da **hierarquia de necessidades de Maslow**, segundo a qual as necessidades e os desejos das pessoas se concentram em categorias de prioridade cada vez mais elaboradas, e a busca pela satisfação evolui à medida que as necessidades mais básicas vão sendo preenchidas. Assim, quanto mais uma sociedade, um grupo de pessoas ou um indivíduo possuir recursos, maior será a busca por produtos e por serviços considerados supérfluos, ligados ao *status* ou à realização pessoal.

Figura 1.3 – Hierarquia de necessidades de Maslow

- Autorrealização
- Estima, *status*
- Sociais e afetivas
- Segurança
- Básicas, fisiológicas

Fonte: Adaptado de Santini; Ludovico, 2013, p. 135.

O comportamento do consumidor é motivado pela satisfação (ou insatisfação) de necessidades em certo grau de importância. Conforme ele obtém aquilo de que necessita, seus desejos evoluem para um nível superior.

Por exemplo: em primeiro lugar, estão as necessidades mais básicas, referentes à fisiologia das pessoas: comer, beber, dormir, cuidar da saúde, ter uma boa vida conjugal. Em seguida, as necessidades de segurança ou de proteção: casa, plano de saúde, seguros, roupas, cobertores. Depois, as de relacionamento social e afetivo: ser aceito e respeitado, participar de grupos, ter amigos e colegas. Na sequência, estão as necessidades de *status* ou de reconhecimento, as quais também podem refletir-se numa sensação de superioridade – muito explorada pelo marketing de produtos de luxo, por grifes famosas, por concessionárias de carros esportivos etc. Finalmente, vem a necessidade de autorrealização, a busca por satisfazer desejos pessoais e pelo crescimento interior.

1.4 Ferramentas de comunicação em marketing

São diversas as ferramentas de comunicação em marketing, e o uso delas pode variar de acordo com o mercado, o público-alvo ou o produto anunciado. Veremos, a seguir, as principais ferramentas utilizadas no esforço e no planejamento das ações de comunicação ou promoção dentro da estratégia de marketing. A seleção e a participação de cada uma na distribuição dos recursos e nos períodos das campanhas dependerão muito da percepção do profissional responsável pelo marketing.

1.4.1 Publicidade

Trata-se da divulgação de anúncios pagos, em sua maioria veiculados nas mídias de massa, como rádio, televisão, revistas e jornais, com o objetivo de promover um produto, um serviço, uma marca, uma empresa ou uma ideia, por meio de um anunciante identificado. São exemplos de ações de publicidade: anúncios impressos ou eletrônicos nas mídias de massa, materiais gráficos, placas, letreiros, listas e catálogos, materiais de pontos de venda, entre outros.

A **publicidade** é, sem dúvida, a ferramenta mais poderosa do composto de comunicação, pois é a de maior penetração e abrangência na sociedade, além de ter os maiores custos de investimento. Sua essência reside na comunicação com um grande número de consumidores, por meio de um veículo público de divulgação paga, em nome de um anunciante.

Em virtude da comunicação simultânea com várias pessoas, muitas vezes pode haver desperdício de recursos (por exemplo, o contato com quem está fora do escopo do público-alvo). Por isso, no planejamento de mídia, existe a tendência de se investir em ações de publicidade focadas nos canais que concentram o público-alvo, como revistas especializadas, seções ou cadernos especiais de jornais, programas específicos da TV a cabo, *sites* ou redes sociais com público selecionado.

Em decorrência do alto poder persuasivo nas relações de consumo, os anúncios publicitários são regulamentados por leis específicas em todo o mundo. No Brasil, a mais conhecida é o CDC, disposto na Lei n. 8.078/1990. O código inclui, em seus artigos, normas a serem seguidas nas campanhas publicitárias.

Entre outros aspectos, o CDC estabelece que:

- ofertas ou anúncios devem integrar o contrato de compra e de venda do produto anunciado;
- a apresentação de produtos e serviços deve estar escrita em língua portuguesa e ser correta, clara e precisa sobre as características, as qualidades, as quantidades, a composição, o preço, a garantia, os prazos de validade e a origem deles, bem como sobre os riscos que apresentam à saúde e à segurança dos consumidores;
- a publicidade deve ser de fácil identificação, e a agência e o anunciante devem comprovar a veracidade das informações anunciadas.

Além disso, o CDC também proíbe a publicidade enganosa (isto é, aquela que é falsa e induza ao erro) e a publicidade abusiva (que coloque em xeque os valores sociais, discrimine, incentive a violência, provoque medo, explore a natureza ou a ingenuidade ou incentive um comportamento prejudicial à saúde e à segurança do consumidor).

1.4.2 *Merchandising*

A finalidade do *merchandising* é colocar o produto em evidência, seja nos pontos de venda, seja em ações nos meios de comunicação. Existem, portanto, dois tipos de *merchandising* reconhecidos no Brasil: o que é realizado em **pontos de venda** e o que é feito nos **meios de comunicação**, como o rádio, a televisão e o cinema.

O *merchandising* em pontos de venda consiste em realizar ações para destacar e valorizar o produto, gerando um clima promocional, seja por meio de espaços especiais em vitrines ou em ponta de gôndolas, seja pela montagem de ilhas, de *displays*, de prateleiras ou de decoração especial, seja por meio de demonstração pessoal do produto, como degustação e distribuição. Ou seja, diz respeito a tudo que coloca o produto em evidência e em contato direto com o consumidor.

O segundo tipo de *merchandising* ocorre em meios de comunicação e se caracteriza pela inserção de produtos, marcas ou serviços, mediante pagamento prévio, no contexto de programas de televisão, como programas de auditório, novelas e filmes. Essa prática alcança uma abrangência maior de audiência, pois o espectador está mais aberto a receber a mensagem enquanto assiste a um programa de televisão, por exemplo, do que durante o intervalo comercial. Além disso, a empatia criada para com o apresentador (ou o ator, no caso de novelas e minisséries) ajuda na assimilação da mensagem.

A título de exemplo, citamos os programas de *reality show*, como o Big Brother Brasil (BBB), que frequentemente mostra veículos e produtos inseridos em seu contexto, ou os programas de auditório nos quais o apresentador indica determinado produto durante a programação. Também podemos ilustrar essa realidade lembrando que, nas novelas, os atores costumam dirigir veículos de determinada marca. Tais práticas são ações de *merchandising* em meios de comunicação.

1.4.3 Relações públicas

A função do Setor de Relações Públicas é administrar o relacionamento da empresa – linha de produtos, serviços ou marca – com a comunidade na qual ela está inserida, incluindo entidades, como a imprensa, clientes e fornecedores. Seu objetivo é construir uma imagem favorável da empresa, proteger e agregar valor a essa imagem, apresentar uma mensagem positiva perante o mercado e a opinião pública, gerar mídia espontânea e volume de informação favorável nos meios de comunicação.

Algumas de suas atividades são: assessoria de imprensa; comunicação corporativa; apoio no lançamento e no reposicionamento de produtos; elaboração de eventos; estabelecimento de relações com a comunidade; *lobby* com legisladores e autoridades; atendimento a órgãos do governo; relação com acionistas e investidores; e gestão da identidade visual da empresa.

Segundo a Associação Brasileira de Relações Públicas (ABRP, 2017),

> Entende-se por relações públicas o esforço deliberado, planificado, coeso e contínuo da Alta Administração para estabelecer e manter uma compreensão mútua entre uma organização públicas [sic] ou privada e seu pessoal, assim como entre essa organização e todos os grupos aos quais está ligada direta ou indiretamente.

A base do pensamento das relações públicas consiste no seguinte princípio: uma boa matéria ou reportagem sobre uma inovação em algum produto ou serviço ou o volume de informações favoráveis a seu respeito valem muito mais do que dezenas de anúncios pagos, pois a mensagem não paga transmite muito mais credibilidade ao consumidor.

Para facilitar a compreensão das atividades desempenhadas pelas relações públicas, recorreremos novamente ao guru do marketing, Philip Kotler, que define da seguinte forma as principais ferramentas atreladas a esse setor:

- **Publicações:** em revistas institucionais, relatórios anuais, manuais para o cliente etc.
- **Eventos:** patrocínio ou participações em eventos esportivos, culturais, feiras, mostras e exposições.
- **Notícias:** narrativas e reportagens favoráveis sobre a empresa, produtos, serviços, negócio ou colaboradores.
- **Atividades com a comunidade:** contribuições em tempo, estrutura e dinheiro para a comunidade local.
- **Identidade Visual:** papelaria, cartões de visita, padrão de vestimenta.
- **Lobby:** iniciativas para influenciar a legislação e as decisões judiciais favoráveis, ou dissuadir as desfavoráveis.
- **Atividades de Responsabilidade social:** formar boa reputação em termos de responsabilidade social empresarial. (Kotler, 2009, p. 146)

Como podemos observar, as funções das relações públicas são diversas, contudo, devem sempre ser estruturadas com base nos objetivos do planejamento da empresa, focadas no relacionamento com os seus públicos de interesse e de acordo com as necessidades da organização.

1.4.4 Força de vendas

No passado, o conceito de vendas estava diretamente relacionado ao produto, ou seja, à obtenção de lucro por meio da venda do produto. Com base em tudo o que discutimos até aqui, podemos afirmar que o foco atual passou a ser atender às necessidades e aos desejos do cliente.

Essa mudança de foco não é apenas conceitual, mas uma necessidade de sobrevivência percebida pelas empresas. Atualmente, os clientes dispõem cada vez mais de informação, em tempo real, sobre produtos e serviços, e a concorrência é cada vez mais equilibrada. Por isso, o bom atendimento e a compreensão da necessidade do cliente são fundamentais para o sucesso nas vendas.

A venda não é uma atividade isolada, pois depende de todas as outras funções do composto de marketing da empresa, como o desenvolvimento do produto ou do serviço, a estratégia de comunicação, a política de preços e a forma de distribuição. Qualquer falha em um desses processos pode prejudicar o resultado final das vendas. Assim, também, de nada adianta elaborar e divulgar bons anúncios e grandes ações de comunicação se o consumidor não receber um bom atendimento por profissionais de vendas capacitados, treinados e qualificados, o que inclui o pessoal de atendimento, de apoio, de venda, de suporte, de entrega e de assistência.

Das ferramentas do composto de comunicação em marketing, a força de vendas é geralmente a mais cara e, também, a mais eficiente, pois tem contato direto com o cliente para informá-lo, influenciá-lo e convencê-lo no momento da decisão de compra. O importante não é o custo do vendedor ou da equipe de vendas, mas o resultado destas, o que, muitas vezes, é decisivo para se fechar um negócio. Quanto maior for o valor do bem ou o tempo de permanência do produto ou do serviço na vida do consumidor, mais ele irá compará-los às opções disponíveis, o que justifica a importância do papel do vendedor.

Por exemplo, ao comprar uma casa ou um automóvel ou decidir-se por uma cirurgia plástica, o consumidor faz comparações entre as diversas opções que encontra, pois a decisão final, nesse caso, é difícil e exige uma reflexão maior. Ele pesquisa, pergunta, pensa e avalia, afinal de contas, trata-se de uma compra de grande valor e de tempo de uso. Nesses casos, o papel da força de vendas é decisivo. Por sua vez, em compras que exigem baixa necessidade de comparação ou que o consumidor age por impulso (normalmente de produtos de menor valor ou de menos tempo de uso, como nas compras de supermercado), o papel da força de vendas é menor ou até inexistente.

Enfim, não se trata apenas de vender, mas de satisfazer o cliente e proporcionar-lhe boas e contínuas experiências de compras. A venda precisa ser boa para as duas partes, tanto para quem compra quanto para quem vende, ou uma delas desistirá do processo.

1.4.5 Promoção de vendas

A promoção de vendas consiste no esforço temporário para incrementar as vendas a curto prazo, por meio de várias ações: descontos, cupons, promoções de preços ou prêmios, produtos especiais, saldos de estoque, vendas de volumes, sorteios, brindes, viagens, concursos, jogos etc. O forte apelo é proporcionado pelo sentimento de urgência do consumidor em realizar a compra naquele momento, bem como pela vantagem por ele percebida em adquirir determinado produto ou serviço. O objetivo é fazer girar o estoque, vender de forma rápida.

Por vezes, empresas fazem da promoção de vendas sua política de comunicação e de preços, o que acarreta a perda do apelo de urgência na promoção, consequentemente enfraquecendo sua força de comunicação para atrair o consumo. O segmento automotivo é um bom exemplo disso. Todos os dias, teoricamente, são lançadas "promoções imperdíveis", com preços "abaixo da tabela" – só para citar alguns chavões da linguagem desse segmento. Essa comunicação promocional excessiva faz o mercado consumidor perder o senso de urgência da promoção, pois o cliente percebe que, se em toda semana há uma promoção grandiosa, ele pode esperar até que apareça uma situação de compra que lhe seja melhor. Promoções como a *blackfriday*, que ocorrem apenas uma vez ao ano e oferecem descontos realmente válidos, são bons exemplos de ações promocionais com alta atratividade, já que o consumidor compreende a urgência em aproveitar os preços especiais e, assim, gasta com mais obstinação.

Do lado positivo, a promoção de vendas auxilia a empresa a girar seu estoque, vender produtos parados e atrair novos consumidores. Como exemplos dessa realidade, citamos as lojas de vestuário, que ao liquidarem a coleção anterior a valores próximos do custo original oferecem bons descontos ao consumidor e arrecadam recursos para a aquisição da nova coleção. Há, também, empresas do setor de serviços que estabelecem promoções para ocupar espaços ociosos, como cinemas, academias e hotéis que oferecem seus serviços em horários alternativos. Nesses casos, o custo operacional do negócio já está efetivado. Por isso, as vendas realizadas em promoção representam um incremento da receita.

A promoção de vendas também apresenta um lado negativo, pois acaba, muitas vezes, contribuindo para atrair clientes menos fiéis às marcas, ou seja, consumidores acostumados a procurar pelos melhores preços e promoções. A longo prazo, esse fato não é vantajoso para as empresas, visto que elas não atrairão clientes fiéis à suas marcas e terão aumento nas vendas apenas nos momentos em que as margens de lucro forem efetivamente menores.

Por exemplo, uma livraria, ao colocar um balcão de livros em promoção na entrada da loja, pode até ter um significativo aumento na venda desses produtos, contudo é possível que haja uma grande diminuição na venda dos demais itens da livraria, uma vez que o consumidor pode acabar se satisfazendo com os livros que encontrou na promoção sem recorrer aos demais itens.

O problema, nesse caso, está nas margens de lucro, já que houve aumento nas vendas dos produtos com margens menores e diminuição na venda dos livros com margens maiores. Além disso, o tempo que o consumidor passa na livraria também pode acabar sendo reduzido. Outro aspecto importante é a possibilidade de ocorrer diminuição na percepção do valor da marca, que pode ganhar a fama de barateira e, por isso, não mais atrair os consumidores de produtos especializados. Assim, é preciso cuidado e observação para elaborar uma promoção de vendas. Trata-se, pois, de uma ferramenta a ser utilizada quando houver certeza de ganhos e com objetivos específicos. O mais indicado é preferir recorrer a outras ações de atração e com maior fidelização, como os sorteios e a entrega de brindes e de prêmios.

1.4.6 Marketing direto

Esse tipo de marketing surgiu como uma abordagem diferenciada e personalizada de vendas, sem a necessidade de intermediários, como as lojas de varejo. As primeiras ações dessa natureza foram realizadas por meio da venda por catálogos, de porta em porta, por telemarketing e via programas de televisão e de rádio. Com os avanços tecnológicos, essa modalidade de venda também evoluiu e atualmente se utiliza de diversos outros meios de comunicação, incorporando, por exemplo, os canais de venda pela internet, os aplicativos para celulares, as redes sociais e a televisão digital.

Como exemplos de empresas que se utilizam exclusivamente dessa modalidade de vendas, citamos: a Dell, que vende seus produtos pela internet; a Natura, que realiza a venda por catálogos; a Polishop, que vende por meio de canais de TV; a 99Taxis e o iFood, que utilizam aplicativos para celulares, entre muitos outros exemplos.

As ações de marketing direto são elaboradas com base nas informações presentes nos bancos de dados que as empresas formam de seus clientes ou de potenciais clientes e cuja seleção é feita de forma personalizada. Tais empresas dispõem de extensas informações em seus bancos de dados, como perfil de consumo dos seus clientes, suas últimas compras e seus estilos de vida. Assim, podem elaborar ações de vendas diretas e específicas para cada pessoa.

Perceba que não estamos falando de marketing de relacionamento com o cliente, mas de ações de vendas, as quais, baseadas nas informações sobre o cliente, são mais efetivas e totalmente direcionadas, pois a empresa já o conhece e pretende vender novamente para ele.

Por exemplo, uma concessionária de automóveis pode manter em seu banco de dados a quilometragem média dos carros dos seus clientes no intervalo de suas primeiras revisões e, assim, ligar para eles quando estiver perto da hora de realizar a manutenção eletiva de algum componente do veículo, como a troca do óleo do motor ou das pastilhas de freio. Uma clínica médica pode desenvolver um segmento de venda de produtos como roupas, cintas, bengalas e todo tipo de utensílios pós-cirúrgicos para, após a alta ou o procedimento dos pacientes, oferecer exatamente o que ele precisa na sua recuperação. Não é apenas uma questão de incremento em vendas, mas de atender a todas as necessidades e preocupações do cliente.

1.4.7 Marketing *on-line*

Falar de marketing *on-line* ou digital é sempre um problema, pois o que atualmente é uma tendência pode simplesmente deixar de existir em pouco tempo. O que podemos abordar são os princípios que envolvem essa ferramenta da comunicação.

O marketing *on-line* pode envolver ações de todas as ferramentas da comunicação e desempenhar múltiplas tarefas, como canal de vendas, de relacionamento e de atendimento ao cliente, meio para o desenvolvimento e distribuição de produtos e de serviços e canal para pagamentos.

Atualmente, é possível pesquisar, encontrar, comparar, comprar, pagar, receber e utilizar serviços totalmente pelo meio digital, com o uso de aplicativos para celulares e de programas para computadores.

A questão fundamental a ser observada é a abrangência da informação e a velocidade com que ela circula nos meios digitais. Devido ao rápido acesso à informação propiciado pela internet –

sobretudo, pelas redes sociais – os consumidores estão cada vez mais conectados e informados, inviabilizando todo e qualquer negócio que não se dedique a atender bem e honestamente a seus clientes. Depois do surgimento de aplicativos como WhatsApp e Facebook, a circulação de informações e de opiniões se tornou instantânea e global.

De acordo com Santini e Ludovico (2013, p. 275), "segundo dados de junho de 2012, existem no mundo 1,5 bilhão de usuários da internet e 1,2 bilhão de usuários das redes sociais. Desses, 52 milhões de usuários da internet e 47,8 milhões de usuários das redes sociais estão no Brasil". Ainda conforme os autores, 58% das empresas têm algum tipo de participação nas redes sociais, sendo 86% no Facebook, 82% no Linkedin e 71% no Twitter. E pela velocidade com que o meio evolui, esses dados, embora recentes, já estão velhos.

O marketing *on-line* é a única modalidade em que a empresa e o cliente estão em uma rede de mão dupla com a mesma capacidade de informar(-se) e de responder um ao outro. A organização pode comunicar-se de forma mais eficaz com toda a sociedade e de forma personalizada com grupos ou com clientes individuais, assim como estes também podem estabelecer contato direto com a organização. Além disso, os clientes podem estabelecer contato uns com os outros, reunindo-se em grupos de interesse ou de afinidade. Da mesma maneira, as organizações podem relacionar-se umas com as outras e criar canais conjuntos de vendas e de relacionamento com os consumidores.

O marketing *on-line*, por meio de diferentes acessos (portais, *websites*, canais, grupos de compras, redes sociais, aplicativos para celulares e computadores), assume as características de todas as outras ferramentas da comunicação que vimos até aqui, além de dispor de suas próprias possibilidades de contato, de relacionamento, de venda e de divulgação.

Como exemplo de marketing *on-line* de uma instituição hospitalar, citamos o Hospital Nossa Senhora das Graças, de Curitiba. Em sua seção de atendimento pediátrico, o hospital disponibiliza, em meio eletrônico, a informação da fila de atendimento, transmitindo nos monitores da sala de espera o nome e a posição de cada paciente na fila e, no momento em que é chamado, o nome do médico que irá atendê-lo.

Além disso, o hospital desenvolveu um aplicativo para *smartphones* que possibilita aos clientes checar em tempo real a fila de espera no pronto atendimento pediátrico. Por meio desse aplicativo, é possível saber quanto tempo resta para o paciente ser atendido, antes mesmo de ele sair de casa. Outra função do aplicativo é diminuir o tempo de espera nos períodos de maior movimento, pois, quando a espera se torna superior a 1 hora e 30 minutos, o aplicativo abre a possibilidade de o paciente realizar um pré-agendamento com horário marcado, exigindo que ele chegue apenas 15 minutos antes do atendimento.

Esse é um exemplo de como o uso da tecnologia e da comunicação pode melhorar a organização do ambiente hospitalar, dar-lhe agilidade e melhorar a percepção do paciente em relação a esse serviço, diminuindo a sensação negativa da espera pelo atendimento.

1.4.8 Comunicação visual

A comunicação visual de uma empresa envolve a marca e a linha de produtos e de serviços ofertados por ela e também é fator de fundamental importância no planejamento e na execução das atividades do composto de comunicação em marketing. Muitas vezes, parte das atribuições do Setor de Comunicação Social é conferida ao Setor de Relações Públicas, como o desenvolvimento de padrões de uso da marca e cores da empresa e a determinação dos uniformes e das vestimentas dos colaboradores. É necessário, entretanto, observar um quadro mais amplo e abrangente sobre o papel da comunicação visual, principalmente no que diz respeito ao ambiente físico.

É atribuição da comunicação visual desenvolver o padrão das identidades visuais da marca, das linhas de produtos e dos serviços da empresa. Isso envolve a comunicação visual tanto interna quanto externa do espaço físico (loja, clínica, fábrica, revenda ou qualquer ponto de contato com o consumidor), bem como a identidade visual dos espaços virtuais (*site*, aplicativos, *blogs*, sistemas de informação) e o *design* de todos os materiais gráficos (embalagens, rótulos, papelaria, cartões, uniformes, padrões de vestimenta, *stands*, cartazes, informativos etc.).

Para todos os espaços nos quais o cliente terá contato com a empresa ou com seus produtos e serviços, é preciso desenvolver a aplicação da imagem da marca e a sua comunicação. Isso implica não somente a forma de apresentação da marca mas também outras informações relevantes, como avisos, indicações, direcionamentos e conteúdos. Para essas finalidades, as empresas contratam estúdios de *design* ou empresas especializadas em comunicação visual, que elaboram manuais de aplicação da marca, das cores, dos textos e da diagramação para cada situação, conferindo à empresa uma identidade própria em tudo o que fizer e em todos os contatos que estabelecer com seus clientes.

Um bom exemplo de aplicação da comunicação visual no ambiente hospitalar é a orientação das pessoas nos espaços internos com a utilização de placas indicativas sinalizando os fluxos e as áreas de liberação, de restrição e de proibição da circulação; a localização dos sanitários; a direção da entrada e da saída do hospital; a numeração ou a denominação das salas e dos setores; entre outros. Lembramos que uma pessoa perdida em um ambiente hospitalar, seja ela um paciente, seja ela um visitante, representa um fator de risco de contágio.

Como exemplo, relatamos o caso de um hospital localizado na cidade de Curitiba que, como muitos outros no Brasil, ampliou o seu espaço físico, ao longo dos anos, por meio da conexão com outros imóveis ao seu redor. Assim, circular por esse hospital era um verdadeiro desafio, pois ele parecia um labirinto. Encontrar a recepção ou os consultórios, localizar o laboratório de exames, procurar por outra recepção para agendar o retorno do atendimento ou visitar um paciente eram uma odisseia. Perder-se diante de tantos caminhos diferentes era comum, assim como observar pessoas pedindo informações pelos corredores, o que indicava que a comunicação visual desse hospital não estava adequada.

Porém uma ação simples e inteligente ajudou a diminuir esse problema: faixas de cores diferentes foram pintadas no chão, indicando os principais caminhos de circulação do hospital. Dessa maneira, os atendentes passaram a basear-se nas cores das faixas para indicar os caminhos a serem feitos pelas pessoas. Isso diminuiu a sensação de "estar perdido" no ambiente hospitalar, ajudou a organizar o fluxo de pessoas e reduziu a necessidade de os funcionários do hospital terem de acompanhar pacientes ou visitantes de um local para outro.

1.4.9 Parcerias

Pouco abordada pelos teóricos do assunto, as parcerias podem ser uma excelente ferramenta de comunicação, com grandes retornos e baixos custos. Uma parceria consiste em uma troca comercial entre empresas, entre comércios ou entre profissionais, e quando por bem intencionada e bem elaborada, traz grandes resultados, pois pressupõe que cada parte envolvida obtenha vantagens equilibradas, sem necessariamente haver custos ou investimento de recursos. Portanto, uma parceria representa uma ajuda mútua entre as partes.

Por exemplo, uma clínica necessita com frequência de que seus pacientes realizem determinado exame que ela não tem possibilidade de ofertar. Por isso, indica os serviços de um laboratório parceiro, que pode oferecer descontos aos pacientes encaminhados por essa clínica. Da mesma maneira, os clientes do laboratório, quando perguntam por especialidades atendidas pelos profissionais da clínica, são encaminhados a ela. Assim, as duas empresas geram demanda uma à outra e não criam custos para atrair novos clientes.

Em outro exemplo, um hospital pode firmar uma parceria com um estacionamento próximo, garantindo a demanda dos veículos dos profissionais que trabalham ali. Por sua vez, o estacionamento pode oferecer um preço especial, pois, ao conhecer a rotina dos horários de entrada e saída de cada profissional, tem condições de reorganizar seu fluxo e otimizar o espaço.

Há também a possibilidade de duas, três ou mais clínicas, hospitais ou mesmo secretarias de saúde unirem forças para realizar compras de materiais em conjunto, a fim de conseguirem melhores preços, descontos, vantagens de pagamento ou custos de logística.

A ideia fundamental é que, por meio dessa ajuda mútua, duas empresas com algum tipo de proximidade possam aferir vantagem ao trabalharem juntas ou indicarem uma a outra para sua cadeia de clientes, colaboradores e fornecedores.

1.4.10 Patrocínio e apoio

O patrocínio pode ser considerado uma modalidade de publicidade; contudo, apresenta variações e peculiaridades em relação a ela que o definem como mais uma ferramenta disponível ao composto de comunicação. Geralmente, ocorre por meio da compra de cotas de patrocínio, tendo em vista a participação ou a inclusão de uma mensagem, uma marca ou um produto. O patrocínio também pode abranger material esportivo, pois muitas são as modalidades de desporto que atraem patrocínios para os atletas e as equipes.

Esse é, inclusive, o tipo mais comum de patrocínio, seja em eventos esportivos, seja para clubes e atletas. Como exemplo, citamos a Caixa Econômica Federal, cuja marca está estampada em uniformes de alguns dos principais clubes de futebol do Brasil. Para poder expor a sua marca, a Caixa paga uma cota de patrocínio aos clubes, ou seja, compra um espaço nas camisas deles. Nesse exemplo, o valor do patrocínio varia de clube para clube e conforme o período do ano e a competição disputada. Também há o patrocínio destinado a um evento esportivo específico, como a Copa Santander Libertadores, ou a um atleta específico, o que ocorre muito nos esportes individuais, como nos casos do tênis e da natação.

Os patrocínios não envolvem, como já dissemos, apenas esportes e atletas, mas se estendem a outras esferas profissionais. Por exemplo, uma marca de medicamentos ou de próteses pode patrocinar as viagens de um renomado médico pelo país ou pelo mundo para que ele divulgue suas pesquisas e os avanços da medicina.

Como nos esportes, o patrocínio também pode estar atrelado a um evento específico, como um concerto, um congresso ou um encontro de profissionais. As empresas interessadas em um evento subsidiam-no em troca da divulgação das suas marcas nos materiais publicitários, por exemplo. O nível de retorno dependerá da cota do patrocínio e da negociação realizada. Por exemplo, uma indústria farmacêutica pode patrocinar um encontro de especialistas em determinada área médica e aproveitar o evento para apresentar a esses profissionais seus novos produtos, ou uma marca de produtos para hotelaria pode patrocinar um evento para gestores hospitalares.

O apoio, por sua vez, funciona de forma semelhante ao patrocínio, mas ocorre de maneira mais branda, pois implica menor participação do apoiador e vínculo com o apoiado. Um evento que não implica a necessidade de compra de espaço para divulgar a marca possibilita o apoio das empresas. Trata-se de uma atividade com resultado semelhante ao do patrocínio, mas sem o claro objetivo de divulgação da marca. O apoio pressupõe oferecer auxílio para a realização de determinado evento ou projeto, e espera-se da parte que recebeu a ajuda que divulgue os seus apoiadores ou agradeça a eles, conferindo-lhes notoriedade e reconhecimento.

Por exemplo, em um evento beneficente para arrecadar fundos para o Hospital Pequeno Príncipe de Curitiba, uma empresa pode doar produtos para sorteio; assim, durante o evento, espera-se que a organização divulgue o auxílio recebido e agradeça à empresa responsável. É uma maneira de ajudar e de participar e, ao mesmo tempo, de aparecer para o público.

1.4.11 Comunicação integrada de marketing

Para concluirmos a análise das ferramentas de comunicação em marketing, é importante falarmos da necessidade de integração das ferramentas apresentadas. Muitas vezes, as empresas se empenham em desenvolver ações de comunicação e acabam por perder a direção (popularmente, dizemos que "atiram para todos os lados").

A comunicação integrada de marketing refere-se ao correto planejamento e à aplicação das ações de publicidade, *merchandising*, relações públicas, força de vendas, promoção, marketing direto, marketing *on-line*, comunicação visual, parceria e patrocínio de forma organizada, sistêmica e conjunta. Dessa forma, cada ação irá alavancar a ação seguinte, introduzir novas etapas na comunicação, contribuir para a atração de clientes, valorizar a marca e gerar mídia; enfim, atingir os objetivos traçados por toda a estratégia.

A comunicação integrada deve representar sinergia e planejamento conjunto, não apenas por parte da empresa e dos seus diversos setores mas também entre a empresa, o seu setor de marketing e todas as demais organizações contratadas para cada ação de comunicação planejada. Para isso, é preciso definir um padrão a ser seguido no composto das ações, identificar todos os pontos de contato com os clientes e agregar os colaboradores ao novo contexto comunicativo.

Como exemplo, mencionamos uma comunicação integrada de marketing dos medicamentos Benadryl (Kotler, 2009, p. 156):

> *Warner-Welcome, fabricante de medicamentos Benadryl, quis promover seu anti-histamínico entre pessoas alérgicas. A empresa utilizou publicidade e relações públicas para aumentar o reconhecimento da marca e promover um número de chamada gratuita, que informava a contagem de pólen na área de moradia das pessoas. Aquelas que ligavam para o*

número mais de uma vez recebiam amostras grátis do produto, cupons e material descrevendo detalhadamente os benefícios do produto. Estas pessoas também recebiam um boletim periódico, que incluía recomendações de como enfrentar os problemas associados à alergia.

Além da integração das ferramentas já citadas, é preciso integrá-las também ao planejamento global de marketing, o qual, por sua vez, deve ser focado na visão dos 4Ps e dos 4Cs e no plano de implementação dos 4As. Ou seja, tudo deve ocorrer em conjunto.

Por fim, propomos uma reflexão acerca das dúvidas e das perguntas formuladas por profissionais de marketing em um congresso com Philip Kotler, nos Estados Unidos. Ressaltamos que, apesar de o marketing parecer simples e intuitivo, até mesmo profissionais da área têm dúvidas nos processos de tomada de decisão. Como dissemos no início deste capítulo em relação ao marketing, o que existem são princípios, e não fórmulas prontas.

Vamos às dúvidas dos profissionais (Kotler, 2009, p. 26):

1. *Como identificar e escolher o segmento de mercado correto para atuar?*
2. *Como diferenciar nossa oferta das ofertas dos concorrentes?*
3. *Como devemos reagir aos clientes que nos pressionam por um preço melhor?*
4. *Como competir com concorrentes que têm um custo e preços menores?*
5. *Até que ponto podemos prestar serviços sob medida para cada cliente?*
6. *Quais são os principais meios de crescer?*
7. *Como construir marcas mais fortes?*
8. *Como reduzir o custo final de aquisição pelo cliente?*
9. *Como manter a fidelidade do cliente por um período mais longo?*
10. *Como identificar quais os clientes mais importantes?*

11. *Como medir o retorno do investimento em publicidade, promoção de vendas e relações públicas?*
12. *Como aumentar a produtividade da força de vendas?*
13. *Como estabelecer canais múltiplos e ainda assim gerenciar o conflito entre os canais?*
14. *Como fazer com que os outros departamentos da empresa sejam mais voltados para o cliente?*

Tais questionamentos são úteis para ilustrar que, mesmo tendo domínio do assunto, ainda assim é natural que um profissional tenha dúvidas sobre determinados aspectos do marketing, como ferramentas e processos. O princípio a ser mantido, no entanto, deve ser o da integração das ações dos objetivos planejados, bem como das pessoas e dos processos envolvidos, mantendo o foco no bom atendimento às necessidades e aos desejos do cliente.

Síntese

Neste capítulo, apresentamos os princípios do marketing, por meio dos quais buscamos facilitar compreensão da sua finalidade e do seu uso, uma vez que, por ser dinâmico, e não uma ciência exata, não podemos defini-lo com precisão. Analisamos as funções do Setor de Marketing de uma empresa e comentamos que ele é destinado não somente à atividade de vendas mas também à interação com todos os demais setores da empresa, influenciando-os e sendo influenciado por eles, a fim de criar um relacionamento adequado com o mercado e com os consumidores.

Abordamos alguns modelos clássicos da análise de marketing: os 4Ps (produto, preço, praça e promoção), os 4Cs (cliente, custo, conveniência e comunicação) e os 4As (análise, adaptação, aplicação e avaliação), relacionando-os e demonstrando suas aplicações nas estratégias de marketing de uma empresa.

Discutimos sobre a geração da demanda e os meios pelos quais ela ocorre e ressaltamos a importância de prevê-la e de preparar-se para ela. Descrevemos os fatores que influenciam na criação ou na retração da demanda: os clientes positivos e os clientes negativos, os influenciadores, os intermediários, os concorrentes, o ambiente externo e o meio ambiente. Observamos que a demanda está ligada a um público-alvo ou a um grupo de pessoas com um perfil médio a quem a empresa pretende atingir para conquistá-lo. Para que isso ocorra, a empresa deve conhecer os futuros clientes, investindo na coleta de informações sobre eles e considerando que as pessoas que fazem parte deles podem apresentar diferenças de hábitos e desempenhar papéis distintos nos processos de compra conforme o momento de vida pelo qual estão passando.

Também demonstramos que o cliente é a peça fundamental das estratégias de marketing: é ele quem faz tudo ter sentido e deve ser sempre o foco dos processos de relacionamento das empresas. O cliente é, sobretudo, mais importante do que o lucro e a venda. Conhecê-lo implica a existência de uma estrutura e de uma filosofia de atendimento adequado, o desenvolvimento de ações de comunicação e, principalmente, a adequação dos processos, dos produtos e dos serviços ofertados às necessidades dele. A ideia não é a empresa criar modelos para enquadrar os seus clientes, mas adquirir conhecimento para aprender a atendê-los.

Demonstramos que a maneira como as pessoas se comunicam mudou devido ao advento das novas tecnologias de comunicação, principalmente a *internet* e, como consequência dela, o uso massivo das redes sociais. Agora, os consumidores interagem e trocam experiências entre si, o que forçou o marketing a deixar de focar as suas ações nas vendas, somente, e assumir uma postura de auxiliador no desenvolvimento da relação entre a organização e o cliente.

Por fim, abordamos as ferramentas da comunicação que são utilizadas no composto de marketing e da necessidade integrá-las para que as estratégias de fidelização de clientes planejadas pelo marketing sejam satisfatoriamente realizadas.

Questões para revisão

1. Com base nas definições e nos conceitos apresentados, crie sua própria definição para responder à seguinte questão: o que é *marketing*?

2. O que são ou representam os modelos de marketing conhecidos como 4Ps, 4Cs e 4As? Comente sobre os seus significados.

3. No processo de compra de um produto ou de um serviço, o público-alvo pode assumir diversos papéis. Um deles é exercido por profissionais que recomendam marcas ou empresas, como um médico ao indicar uma marca de remédio, uma clínica ou um laboratório de confiança. Esse papel é o de um consumidor:
   a) indicador.
   b) usuário.
   c) decisor.
   d) influenciador.

4. Em qual das ferramentas da comunicação são utilizadas a inserção de anúncios em programas de televisão ou as ações diretas no ponto de vendas?
   a) Publicidade.
   b) *Merchandising*.
   c) Marketing direto.
   d) Patrocínio.

5. Em que tipo de ação de comunicação são utilizados anúncios em camisas de clubes de futebol?
   a) Publicidade.
   b) *Merchandising*.
   c) Marketing direto.
   d) Patrocínio.

Para refletir...

Leia, a seguir, um pequeno trecho retirado deste capítulo, e reflita sobre ele. Essa reflexão certamente contribuirá para o seu conhecimento sobre as ações de marketing.

Assim, a mudança de visão do marketing tradicional – e isso se aplica a todos os segmentos de marketing, e não apenas ao hospitalar – consiste em perceber que o cliente é uma pessoa e que ela é mais importante do que o lucro e a venda. Principalmente nos serviços de saúde, o objetivo deve ser a satisfação do cliente (ou paciente), o que implica uma estrutura e uma filosofia de atendimento adequadas. Toda a organização precisa estar preparada para atender ao cliente em cada ponto de contato, saber ouvi-lo e colher informações sobre ele, agregar-lhe valor e resolver os conflitos que o envolvam.

Perguntas & respostas

Qual é o principal papel do marketing na gestão de uma organização hospitalar?

A resposta não é definitiva, mas se baseia na construção de uma estratégia de marketing focada em auxiliar a organização no desenvolvimento das relações entre ela e os pacientes.

O marketing, por meio do desenvolvimento das ações de comunicação, deve contribuir para conhecer e compreender os seus pacientes para atraí-los e aproximá-los da organização, além de preparar, de adequar e de melhorar o atendimento a eles. Embora o marketing seja uma ferramenta de vendas, devemos lembrar que ela não deve ser o seu foco.

Para saber mais

COBRA, M. **Marketing básico**: uma perspectiva brasileira. 4. ed. São Paulo: Atlas, 2012.

KOTLER, P. **Marketing para o século XXI**: como criar, conquistar e dominar mercados. São Paulo: Agir, 2009.

SANTINI, F. R.; LUDOVICO, N. (Org.). **Gestão de marketing**: o plano de marketing como orientador das decisões. São Paulo: Saraiva, 2013.

Esses livros apresentam com mais detalhes os assuntos abordados neste capítulo e são obras de referência para aqueles que desejam aprofundar seus conhecimentos na área do marketing.

GIRARD, J.; BROWN, S. H. **Como vender qualquer coisa a qualquer um.** São Paulo: Best Seller, 2008.

Joe Girard foi considerado pelo *Guinness Book* o maior vendedor de carros do mundo. No livro que escreveu com Stanley Brown, Girard conta um pouco da sua trajetória e revela alguns de seus segredos como vendedor, os quais podem ser aplicados no planejamento de estratégias de marketing.

Capítulo 2
Planejamento de marketing

Conteúdos do capítulo:

- Roteiros de planejamento de marketing.
- Ambientes e modelos de análise.
- *Mix* de produto.
- Definições organizacionais.
- Modelos de planejamento.

Após o estudo deste capítulo, você será capaz de:

1. compreender os princípios do planejamento de marketing e os ambientes e modelos de análise que ele envolve;
2. reconhecer os modelos de marketing e identificar a aplicação deles;
3. diferenciar e definir *missão, visão, valores* e *negócio*;
4. distinguir o *mix* de produtos;
5. traçar um planejamento de marketing.

Neste capítulo, discutiremos o planejamento de marketing e os elementos de que necessitamos para a sua elaboração, tais como os roteiros de condução, os ambientes e os modelos de análise, as definições institucionais e os modelos de criação do plano. Os nossos objetivos são desmistificar a noção de que o planejamento de marketing é algo complexo e realizado somente por profissionais e mostrar que ele é um processo natural e descomplicado, possível de ser realizado por meio de modelos simples e baseados em informação e em bom senso.

Segundo Sanmya Feitosa Tajra e Samanda Antunes dos Santos (2003, p. 27), "o planejamento está relacionado às decisões presentes que implicarão no futuro de uma organização [...] quem consegue antecipar a visão dos possíveis problemas futuros consegue agir proativamente no sentido de evitá-los ou atenuá-los". Ou seja, *planejamento* é organizar ações e processos presentes com objetivos satisfatórios a serem alcançados no futuro.

No contexto da gestão hospitalar, o planejamento de marketing pode assumir, por exemplo, os seguintes objetivos: atrair clientes, auxiliar nos processos de tomada de decisão, melhorar o atendimento aos pacientes e os processos existentes, aumentar a percepção da qualidade dos serviços prestados implementar ações de pós-venda. Assim, além de modelos de análise e de planejamento, analisaremos o conjunto básico de conhecimentos e definições envolvido nas atividades de pensar e de planejar o marketing, desde a análise do ambiente até o planejamento propriamente dito, levando em conta os rumos que a empresa se propôs a seguir.

2.1 Conceito de planejamento

Ao conceituarmos marketing no primeiro capítulo, vimos que a sua atividade não se baseia em um fim, como vender produtos ou serviços. Pelo contrário, ela é essencialmente uma atividade de planejamento e de antecipação, envolvida em todos os processos da empresa, como a elaboração da marca, a concepção do produto ou do serviço e a sua distribuição, as suas vendas e as suas entregas, o atendimento aos clientes e o serviço de pós-vendas. Assim, por essência, marketing é planejamento.

E planejamento é pensar no futuro com base em informações sobre a situação atual. Sobre isso, em relação à área da saúde, Tajra e Santos (2003, p. 28) citam: "o pensar futuro está relacionado à percepção das tendências governamentais, legais, tecnológicas e às pesquisas científicas, principalmente no que diz respeito aos avanços diagnósticos que conduzirão novos investimentos e, consequentemente, abrirão novos mercados".

O ato de planejar representa a procura por acertos, mas isso não garante a eliminação dos erros. Por isso, o planejamento deve sempre ser acompanhado de avaliação e de renovação, para corrigir e adequar o caminho a ser seguido.

Para que um planejamento saia do mundo das ideias e se torne realidade, nada melhor do que seguir um roteiro ou um modelo, pois isso ajuda a descomplicar a sua elaboração. A seguir, apresentaremos alguns desses modelos, com base nos quais podemos, com certa facilidade, construir um planejamento de marketing.

2.2 Roteiros de planejamento

Entre os modelos de roteiro existentes para a elaboração de um planejamento de marketing, vamos analisar o dos 4As, que, como vimos anteriormente, apresenta um processo de planejamento em quatro fases, e o dos seis passos, que expõe uma sequência de etapas que devem ser cumpridas para a elaboração do planejamento. Além disso, destacamos que o planejamento de marketing pode ser subdividido em planejamentos específicos para focar em ações ou em objetivos de maior relevância, de acordo com as necessidades da organização.

2.2.1 Os 4As como base do planejamento de marketing

O conceito dos 4As, apresentado no Capítulo 1 como modelo para a definição do composto de marketing, também pode ser utilizado como roteiro para a elaboração de um planejamento estratégico. Dessa maneira, os 4As representam as quatro fases sequenciais do planejamento (Kotler, 1995; Cobra, 2012; Santini; Ludovico, 2013):

1. **Análise** – Na fase inicial do planejamento, buscam-se informações relativas a tudo que envolve a empresa: produtos, concorrentes, clientes, mercado etc. Alguns dos modelos de coleta de informação utilizados são o *briefing* e a matriz Swot, além dos modelos de análise de produto, como a matriz BCG e o ciclo de vida (ACV). Nessa fase, o objetivo é compreender o cenário que envolve a organização e o negócio como um todo.

2. **Adaptação** – Fase em que o planejador toma decisões com base nas informações que colheu na análise (fase anterior). É preciso criar sugestões para os problemas encontrados e os projetados, a fim de reforçar pontos positivos e aproveitar oportunidades futuras. Também é o momento de definir ou de redefinir conceitos norteadores como missão, visão e valores.
3. **Aplicação** – Fase de execução, de ativação das ideias planejadas na fase da adaptação. Nesta etapa, as ideias devem ser selecionadas conforme a realidade executivo-financeira da empresa, e para cada ação selecionada deve-se definir um responsável, bem como metas, prazos e recursos disponíveis.
4. **Avaliação** – Após a fase de aplicação das ações, é preciso avaliar os resultados obtidos. Com base nas metas estipuladas, nos prazos e nos investimentos de recursos, avaliam-se as ações para identificar os sucessos e os fracassos, corrigir os rumos e ampliar as certezas. É um momento de autoavaliação para a empresa, com o objetivo de ganhar experiência para a elaboração de um novo plano.

O modelo dos 4As utilizado como roteiro para a elaboração de um planejamento de marketing não é único ou definitivo, mas engloba os fatores essenciais para criação da estratégia de marketing, atendendo muito bem ao seu objetivo.

2.2.2 Os seis passos do planejamento de marketing

O roteiro analisado anteriormente ainda pode apresentar variações. Por isso, indicamos outro roteiro para elaborar o planejamento de marketing em seis passos (Santini; Ludovico, 2013):

1. **Levantamento de informações** – Neste passo inicial, é feita a coleta de todas as informações possíveis. Essa atividade pode ser realizada por meio do *briefing*.
2. **Lista de problemas e de oportunidades** – Pressupõe o diagnóstico de análise dos ambientes interno (forças e fraquezas) e externo (ameaças e oportunidades). Esse passo pode ser executado por meio da matriz Swot e deve responder à seguinte pergunta: "Onde estamos?".
3. **Determinação de objetivos** – Neste passo, são definidos os objetivos e as metas a serem alcançados, como: Qual direção a empresa deve tomar? Que resultados a empresa pode esperar? Para realizar essa fase, a empresa pode utilizar a matriz BCG e analisar seus princípios de missão, visão e valores da empresa.
4. **Desenvolvimento de estratégia** – Nesta etapa, ocorre a determinação e a execução do que será realizado: segmentação, posicionamento, diferenciação, seleção e uso das ferramentas da comunicação. Devem-se decidir quais ações de marketing serão realizadas, por quem e em que momento.
5. **Determinação do orçamento** – É a fase de programação e de estimativa dos recursos financeiros, humanos e tecnológicos que serão investidos nas ações planejadas. É realizada com base na política e na previsão de investimentos da empresa.
6. **Projeção e controle de vendas** – É a etapa de avaliação das vendas, das margens, dos retornos e das respostas às atividades anteriormente desenvolvidas, realizada com a utilização de mecanismos de controle e de sistemas de informação. A empresa faz a avaliação tanto da aplicação dos recursos e do controle financeiro das estratégias quanto dos resultados obtidos por meio das ações executadas, assim como do retorno positivo

da sua imagem e das percepções dos clientes. Deve responder aos seguintes questionamentos: "Qual foi o investimento em cada ação?" e "Qual foi o resultado de cada ação?".

Observe que, embora os dois roteiros apresentem distinções entre si, ambos têm como base o mesmo princípio. Há diversos modelos que propõem roteiros para o planejamento de marketing, mas o que devemos notar é que existe uma sequência lógica, um princípio norteador para essa tarefa: o início se dá pelo levantamento de informações e pela análise da situação atual; em seguida, ocorre a definição das metas e das ações; na sequência, ocorrem a execução e a elaboração do cronograma de ações; por fim, como em todo processo de planejamento, acontece a avaliação e a observação dos resultados obtidos.

2.2.3 Tipos de planejamento de marketing

Além da elaboração do planejamento estratégico global da organização, também pode haver planejamentos específicos focados em necessidades emergenciais, de posicionamento ou de oportunidades, como o destaque em determinadas linhas de produtos, em áreas ou em exigências específicas. O objetivo do planejamento pode ser tanto o de subdividir o plano de ações para focar em áreas de maior relevância quanto o de concentrar todo o processo em uma única orientação. Nesse sentido, Kotler (2009) apresenta seis tipos de planejamentos para aplicação na organização:

1. **Planejamento de marketing para a marca** – É voltado para construção do valor da marca da empresa. Quanto maior

for o valor da marca percebido pelo consumidor, mais ele estará disposto a pagar por seus produtos e menor será a influência dos concorrentes. Isso vale tanto para produtos quanto para serviços – e até para profissionais.

2. **Planejamento de marketing para categorias de produtos** – Trata-se de um planejamento geral para os produtos (ou uma linha específica de produtos) ou serviços oferecidos. Por exemplo, um laboratório pode realizar um plano de marketing para incrementar as vendas de determinado medicamento.

3. **Planejamento de marketing para novos produtos** – É elaborado para o lançamento de novos produtos ou de novos serviços. Além do marketing existente, adiciona-se uma nova estratégia, focada em introduzir no mercado o novo produto ou serviço.

4. **Planejamento de marketing para segmentos de mercado** – Serve para atender a segmentos ou grupos específicos. Ocorre quando o produto ou o serviço é lançado ou direcionado para uma parcela do público-alvo, como médicos ou hospitais.

5. **Planejamento de marketing para o mercado geográfico** – É elaborado para determinada região (cidade, estado ou país). Nesse caso, a abrangência do planejamento é puramente geográfica.

6. **Planejamento de marketing para os clientes** – Trata-se de planos específicos, criados pelos gestores, para clientes especiais ou potenciais, com grande influência no mercado ou com grande poder de consumo. Como exemplo, citamos as ações direcionadas ao fornecedor de produtos a uma rede de clínicas ou de laboratórios.

2.3 Ambientes de análise de planejamento

O ambiente de análise para o planejamento pode ser dividido em duas esferas principais, o macroambiente e o microambiente, as quais envolvem aspectos relevantes – tanto externos como internos, diretos e indiretos – que devem ser observados nos processos de planejamento e de tomada de decisão.

Ambas as esferas abrangem questões externas à empresa, mas o macroambiente envolve variáveis econômicas, sociais, tecnológicas e demográficas, enquanto o microambiente diz respeito a questões mais próximas, como concorrentes, acionistas, fornecedores e intermediários. Também interferem na composição do microambiente variáveis internas à empresa, como recursos humanos e financeiros e questões de produção, pesquisa e imagem.

A análise dos fatores externos à organização, sejam eles referentes ao macroambiente, sejam referentes ao microambiente, devem orientar o processo de formulação do plano de ação de marketing. Nesse processo, eles são classificados como *ameaças* ou *oportunidades*.

Já os aspectos internos são considerados como *forças* ou *fraquezas*. Ressaltamos que os processos de levantamento e de análise de informações auxiliarão o planejamento a traçar rumos, a preparar-se para possíveis problemas ou mudanças e a aproveitar oportunidades. Além disso, todas as observações e todos os levantamentos serão de grande utilidade para realizar a análise Swot, de grande valia ao planejamento estratégico, a qual veremos mais adiante[1].

---

1 Veremos a matriz Swot com mais detalhes nas Seções 2.4.2 e 2.7.2.

2.3.1 Macroambiente

O macroambiente refere-se às variáveis externas à organização e incontroláveis por ela, ou seja, aquelas que fogem da sua interferência, mas que a influenciam diretamente. Por isso, a organização deve observar atentamente o cenário em que se encontra e procurar preparar-se para as mudanças que ele apresentar. Citamos alguns exemplos para ilustrar essas variáveis na área da saúde:

- Mudanças nos rumos da economia que gerem um ambiente de crise acarretam a diminuição das vendas de produtos considerados supérfluos, como os procedimentos estéticos.
- Alterações na legislação podem restringir ou ampliar a atuação de determinados profissionais da saúde.
- Novas exigências da vigilância sanitária podem obrigar clínicas e hospitais a realizar adequações e reformas em seus estabelecimentos.
- Avanços tecnológicos podem modificar procedimentos médicos consagrados e obrigar os profissionais da área a se capacitarem e a modificarem seus recursos tecnológicos.

Assim, os principais fatores de análise do macroambiente são: ambiente sociodemográfico; ambiente sociocultural; ambiente político-legal; ambiente econômico; e ambiente tecnológico. O questionamento que a organização deve fazer a si mesma em relação a esses fatores é: "Como esses fatores influenciam a nossa empresa ou como eles podem alterar a maneira como procedemos nos negócios?". Explicaremos cada um deles a seguir.

- **Ambiente sociodemográfico** – É representado pelas variáveis de origem populacional, ou seja, aquelas que envolvem aspectos relativos à composição da população ou do grupo de pessoas de determinada região. Refere-se a dados como idade, sexo, renda, escolaridade, composição da estrutura familiar, número de filhos, etnia e nacionalidade.

Os dados do perfil populacional são normalmente obtidos com o auxílio de órgãos de pesquisa como o Instituto Brasileiro de Geografia e Estatística (IBGE). Além do conhecimento dos dados demográficos relativos ao seu público-alvo ou mesmo à população em geral, é importante para a empresa conhecer a tendência de evolução do perfil populacional do local em que atua, como as mudanças na estrutura das famílias e as quantidade de casais sem filhos e de pessoas que moram sozinhas, além do aumento da expectativa de vida, da renda, entre outras.

A previsão da tendência de mudanças ajuda e orienta as organizações na previsão de demanda, na adequação de produtos e de serviços e, ainda, no aproveitamento de oportunidades de mercado. Por serem mudanças de médio e de longo prazo, são de fácil previsão. Adaptações podem, então, ser planejadas, por exemplo: adequar-se para atender ao crescente número de idosos, criar planos de saúde voltados às classes menos favorecidas etc.

- **Ambiente sociocultural** – Envolve o conhecimento dos aspectos culturais de determinada população, tais como crenças, valores, estilos de vida, preferências, hábitos, costumes e tradições. Em uma sociedade, existe o que denominamos *diversidade cultural*, isto é, as variações de comportamento entre aqueles que compõem a população.

Por exemplo, no Brasil, há dois grandes marcos de expressão popular que alteram o comportamento coletivo: o futebol e o Carnaval. Em épocas de Copa do Mundo ou de Carnaval, o ritmo do país muda, e toda a sociedade é envolvida por essas ocasiões. Isso é um traço da nossa cultura, da nossa tradição. Da mesma forma, os traços culturais também podem apresentar variações. Há diferenças, por exemplo, entre as culturas gaúcha, baiana, carioca e mineira, bem como entre os carnavais de Olinda e do Rio de Janeiro.

Ao analisar o ambiente cultural, a organização precisa estar atenta não apenas para acompanhar a cultura dominante na sociedade, mas para perceber suas variações e suas tendências, como o crescimento de determinados grupos, de comportamentos e de modificações de cultura.

Há alguns anos, por exemplo, era aceitável fumar em locais públicos, como cinemas e *shopping centers*. Atualmente, além da questão legal, essa conduta não é mais aceita pela sociedade por razões de saúde pública. Também, até pouco tempo atrás, não se falava em respeitar o meio ambiente e os recursos naturais; agora, essa questão é considerada fundamental, e as empresas que não observam as questões ambientais podem ser rejeitadas pelos consumidores.

Outras mudanças culturais recentes são a maior aceitação, pela sociedade, do relacionamento de pessoas do mesmo sexo, o crescimento da vaidade masculina e a independência da mulher.

- **Ambiente político-legal** – Abrange aspectos políticos e legais que influenciam a organização, como as legislações federais, estaduais e municipais e o Código de Defesa do Consumidor. Envolve, também, a atuação de órgãos de controle e de fiscalização, de entidades de classe e de agências reguladoras, como o Conselho Federal de Medicina (CFM), a Agência Nacional de Vigilância Sanitária (Anvisa) e a Agência Nacional de Telecomunicações (Anatel).

As mudanças de legislação, de interesse político ou de regras de fiscalização podem alterar todo o contexto mercadológico ou exigir mudanças e adequações das empresas, como no caso de novas exigências por parte da Anvisa ou do Corpo de Bombeiros. Recentemente, com a rigidez das penalidades e o aumento da fiscalização da denominada *Lei Seca*, o hábito de muitos consumidores foi alterado, acarretando a diminuição da venda de bebidas alcoólicas em muitos bares e restaurantes. Esse é um claro exemplo de como o ambiente político-legal pode alterar o consumo em uma sociedade.

- **Ambiente econômico** – Refere-se aos aspectos da economia, tanto na esfera local como na global. O movimento econômico ou a tendência econômica de determinada sociedade são decisivos para gerar ou retrair o consumo em relação ao mercado no qual a empresa atua. A situação econômica abrange períodos de uma sociedade de:

- prosperidade;
- crise;
- recessão;
- depressão;
- crescimento;
- recuperação.

As variáveis econômicas, por sua vez, são as taxas de juros; a disponibilidade de crédito; os investimentos governamentais; a distribuição de renda; o desemprego; o câmbio; e a inflação.

Podemos considerar também todos os determinantes econômicos que influenciam a geração de riquezas e de negócios e a busca por eles, de acordo com cada segmento de mercado e de produto.

Os fatores e as variáveis apresentados não exercem apenas influência direta na composição de preços – como no aumento dos juros para um financiamento ou no aumento dos preços para produtos importados, no caso de mudanças cambiais ou de desvalorização da moeda – mas também geram influência psicológica e alteram a confiança dos consumidores e das empresas em termos de endividamentos e de investimentos. Nesse caso, o comportamento da sociedade tende a ser o de poupar e de retrair os investimentos.

As análises dos fatores econômicos e da tendência econômica indicam se o momento é propício para a aceleração ou o recuo dos investimentos, uma nova composição de preços ou a manutenção da atual. Além disso, elas indicam se é o momento oportuno para a definição de uma linha de produtos ou de serviços, observando as ameaças e oportunidades do mercado. Entretanto, as análises não são elementos determinantes isolados da demanda, pois influenciam e são influenciadas por todos os outros macroambientes. Assim, o consumo também pode ser gerado por questões que transcendem o ambiente econômico.

Bom exemplo disso são as datas comemorativas e as épocas festivas que influenciam os hábitos de consumo, tais como Páscoa, Natal, dia dos pais, dia das mães e férias escolares. Uma situação econômica negativa não significa a ausência de oportunidades ou de geração de negócios. Pelo contrário, é nesse momento que podem surgir novas alternativas de negócio, como ocorreu com o crescimento do entretenimento, no período da Grande Depressão de 1929[2].

---

2   A **Grande Depressão** foi o período de maior crise financeira vivida pelo capitalismo. Seu principal marco foi a quebra da bolsa de valores de Nova York, em 1929.

- **Ambiente tecnológico** – Diz respeito aos avanços e às mudanças tecnológicas que devem ser considerados no planejamento. De todos os ambientes, o tecnológico é o que apresenta as mudanças mais velozes e as alterações de rumos mais bruscas no cenário contemporâneo. Avanços na tecnologia podem alterar radicalmente produtos, serviços e mercados, modificando o comportamento e a expectativa dos consumidores.

  Por exemplo, a empresa Kodak, antes líder mundial no segmento de fotografia e presente em todo o mundo com uma vasta linha de produtos para o processo fotográfico, viu-se à beira da falência após o surgimento da tecnologia da fotografia digital. Por sua vez, a Sony, percebendo a mudança, apostou nas novas tendências e logo se tornou a líder do segmento. Observe que com a mudança tecnológica também houve uma modificação no comportamento do consumidor, que passou a armazenar suas recordações em formato digital, em vez de imprimi-las. Uma mudança no ambiente tecnológico, portanto, alterou radicalmente um mercado que parecia consolidado.

  Essa tecnologia logo se expandiu e possibilitou uma infinidade de aplicações. Atualmente, ela está presente em diversos tipos de equipamentos pessoais, como celulares, *tablets*, *notebooks*, equipamentos de segurança e de vigilância e equipamentos médicos.

  Na área médica, a evolução dos aparelhos para procedimentos médicos por imagem possibilitou uma enorme melhoria na segurança dos resultados e dos exames. Aumentaram a agilidade dos tratamentos de saúde e o nível de precisão das informações obtidas pela equipe médica. Por exemplo, antes dessa evolução tecnológica, a cirurgia de sinusite, entre outras tantas, era realizada, em muitos casos, por meio de visão direta, necessitando de corte externo. Atualmente, ela é realizada por via endoscópica, o que possibilita uma visão mais precisa e um resultado mais seguro, sem a necessidade de corte e com uma recuperação mais rápida do paciente.

A evolução tecnológica e a busca por inovação visam aperfeiçoar procedimentos, produtos e processos. Como exemplo, lembramos o caso do hospital mencionado na Seção 1.4.7, "Marketing *on-line*", que criou um aplicativo para celular pelo qual se pode acompanhar, em tempo real, a fila de espera de atendimento e agendar consultas. Portanto, a evolução tecnológica modifica mercados e comportamentos e, assim, gera a necessidade de adaptação.

As empresas que investem em pesquisa e em desenvolvimento assumem um grande risco e um alto custo de investimento. Contudo, se alcançam o sucesso, normalmente se tornam líderes do novo mercado que criam. Acompanhar as mudanças tecnológicas é seguir um caminho de evolução tendo em vista o mercado e o consumidor, melhorando os processos e os resultados e, consequentemente, aumentando a competitividade.

2.3.2 Microambiente

O microambiente refere-se às variáveis internas e externas que atuam na esfera de controle da empresa ou de interação com ela. Trata de aspectos que influenciam e são influenciados pela organização. Diferentemente dos elementos do macroambiente, pelos quais não há possibilidade de interação ou de influência, mas apenas de observação e de preparação para a situação externa, no microambiente as ações da empresa influenciarão o ambiente de análise, seja ele interno, seja ele externo.

No **aspecto interno**, os fatores de análise são de controle e de responsabilidade direta da empresa, como: recursos financeiros; recursos humanos; produção; localização; pesquisa; e imagem organizacional.

No **aspecto externo**, tais fatores dizem respeito à interação indireta, pela qual a organização é influenciada e influencia os elementos de análise. Tais fatores podem ser: mercado, fornecedores, intermediários, acionistas e concorrentes. Embora sejam externos, eles podem ser influenciados pela organização de acordo com o seu tamanho e a sua importância no ambiente (mercado).

Por exemplo, se uma organização inova em seus produtos ou serviços, oferece preços mais competitivos ou aperfeiçoa a experiência de compra, suas atitudes podem inspirar os concorrentes a agir de maneira diferente, a modificar a expectativa do mercado e a alterar as políticas de preços. Assim, a organização deve observar o seu ambiente de atuação e buscar influenciá-lo, como veremos a seguir.

Microambiente externo

No microambiente externo, são analisados aspectos como mercado, concorrentes, fornecedores, intermediários e influenciadores. Alguns deles abordaremos com mais detalhes, pois compõem definições específicas na análise do microambiente.

- **Mercado** – É composto por: consumidores, fornecedores, intermediários, concorrentes e influenciadores. Ocorre em determinado local, região ou área de abrangência.

    Os consumidores representam o grupo de pessoas com necessidades ou desejos em potencial para determinado produto, serviço, marca ou profissional. O conhecimento da realidade de vida do consumidor, conforme já vimos anteriormente, é fundamental para as tomadas de decisão sobre o produto e para o seu desenvolvimento.

- **Concorrentes** – Referem-se às empresas, aos produtos, aos serviços ou às pessoas que disputam a preferência do consumidor em potencial. Podem ser classificados como diretos, indiretos, substitutos ou por substituição de compra, atuais e potenciais.

Os concorrentes diretos são aqueles que vendem os produtos ou serviços semelhantes a determinado público, ou seja, competem no mesmo mercado.

Os indiretos dizem respeito aos concorrentes que oferecem produtos ou serviços similares. Por exemplo, uma churrascaria não concorre diretamente com uma hamburgueria. Pelo contrário, a concorrência entre elas é indireta, pois uma parte do público potencial de ambas pode optar por almoçar tanto em uma quanto na outra.

Já os substitutos ou por substituição de compra são os que concorrem pelo mesmo consumidor, mas com produtos completamente diferentes, ou seja, oferecem opções que podem substituir a compra ou o poder de compra de determinado cliente. A substituição da compra é muito comum nas classes média e baixa, em situações nas quais o consumidor deve decidir por qual compra realizar, por exemplo: se coloca os filhos em uma escola particular ou se troca de carro; se o dinheiro vai ser suficiente para as compras no supermercado ou se é necessário economizá-lo para outras finalidades; se contrata um plano de saúde, se troca de carro ou se faz uma viagem no final do ano.

Os concorrentes atuais, por sua vez, são aqueles que competem entre si no mercado local e imediato pelos mesmos clientes em potencial. Por fim, os potenciais são os concorrentes que planejam, futuramente, oferecer produtos aos clientes de outras organizações, conforme a idade, o estágio de vida ou o nível de consumo deles.

Em virtude da grande influência externa que ele exerce e da ideia de ser uma variável incontrolável em alguns modelos de análise, o aspecto relativo aos concorrentes é abordado como pertencente ao macroambiente, e não ao microambiente. Contudo, podemos perceber que o ambiente concorrencial, além de influenciar as organizações, também pode ser influenciado por elas.

Por exemplo, se uma empresa encontra maneiras de reduzir custos ou se simplesmente adota uma política de preços baixos ou, ainda, se desenvolve um novo produto ou uma nova tecnologia, os seus concorrentes serão obrigados a adaptar-se; portanto, eles serão influenciados pela decisão dessa empresa. Assim, o ambiente de concorrência faz parte do microambiente externo, pois, apesar de ser um aspecto que está fora do alcance da organização, ele também pode ser influenciado por esta.

- **Fornecedores** – São os grupos externos de empresas e de profissionais dos quais o negócio depende para se concretizar. Toda empresa e todo profissional, em alguma medida, depende de fornecedores. A confiabilidade, a qualidade e a política de preços dos fornecedores terão influência direta no resultado do que é produzido. Atrasos e falta de padrão, de qualidade e de garantia ocasionados por falhas dos fornecedores são apenas alguns exemplos de aspectos que podem gerar resultados negativos que serão percebidos pelos clientes como erros nos processos de produção da empresa. Assim, conhecer e selecionar adequadamente os fornecedores são tarefas vitais e estratégicas.

- **Intermediários** – Compõem os sistemas de distribuição e de vendas, como: atacadistas, distribuidores, lojas de varejo, representantes comerciais, entregadores e agências de financiamento. Embora não sejam parte da organização, eles a levam até o cliente, representando a sua marca e os seus produtos.

Os intermediários são a ponte entre a empresa e os seus consumidores. Assim, são eles quem têm contato direto com os clientes, que apresentam e vendem os produtos. Por isso, há a necessidade de a empresa investir, treinar, auxiliar e cativar os intermediários.

Por exemplo, ao solicitar um talão de cheques ao banco, o cliente pode recebê-lo em casa por um intermediário, um *motoboy* de uma empresa de entregas contratada para isso. Contudo, se o motoqueiro comportar-se de forma rude ou se ele danificar o produto, o cliente terá uma percepção negativa do serviço prestado pelo banco, afinal, ele solicitou o serviço ao banco, e não à empresa terceirizada.

No caso de um produto farmacêutico, o intermediário é a farmácia, que, por sua vez, pode adotar políticas de preços e de incentivos para aumentar as vendas de determinado produto ou de determinada marca. Há, ainda, negócios que não exigem a figura do intermediário, nos quais o consumidor faz contato direto com o fornecedor ou o fabricante, como nos casos de um consultório odontológico, de um serviço de fisioterapia, ou de um restaurante.

- **Influenciadores e acionistas** – Os influenciadores externos também são chamados de *stakeholders*. São outros públicos de interesse que têm contato com a organização, como os acionistas ou os investidores, a imprensa e os veículos de comunicação, o governo (o nível de contato e a esfera de governo dependerão do tamanho e da influência da organização) e a comunidade em que a empresa está inserida.

A organização deve preocupar-se com a construção da sua imagem perante esses públicos, uma vez que os influencia e é influenciada por eles. Dependendo do tamanho da empresa, os acionistas podem ser internos ou externos, participando direta ou indiretamente das decisões administrativas.

No caso de hospitais, são comuns as figuras de instituições mantenedoras ou financiadoras, muitas vezes sem fins lucrativos. Para os hospitais, é importante observar esse aspecto ao buscarem resultados e trilharem os caminhos desejados por essas instituições, cuidando para evitar pressões ou, até mesmo, intervenções delas. O ideal é envolverem as fontes financiadoras ou os acionistas nas decisões de estratégia e de planejamento.

Microambiente interno

A análise do microambiente interno visa conhecer os aspectos que compõem a organização em sua estrutura interna, como os recursos humanos, financeiros e produtos, a pesquisa e o desenvolvimento de produtos e de processos, localização e a imagem da empresa.

- **Recursos humanos** – O envolvimento dos colaboradores de uma organização nas ações de planejamento é fundamental para o sucesso de qualquer objetivo. O Setor de Recursos Humanos é umas das principais fontes de diferencial positivo ou negativo em uma empresa, e sua melhoria depende totalmente das ações da organização.

  Os trabalhadores devem ser motivados, envolvidos e treinados para incorporar a filosofia da empresa e ajudar a alcançar as metas e a satisfação dos clientes. Quanto maiores forem os níveis de serviço ou de atendimento envolvidos na composição do produto, maior será a necessidade de investimento na formação dos colaboradores para o sucesso da organização. É preciso que a empresa analise, também, se os funcionários estão inseridos nas atividades de marketing ou de atendimento adequadas aos seus perfis profissionais.

  Não podemos nos esquecer de que uma empresa é composta de pessoas para pessoas, e todas elas precisam ser motivadas.

- **Recursos financeiros** – Outro fator relevante na análise do microambiente interno é o planejamento dos recursos financeiros. Não abordaremos o assunto com detalhes, pois isso renderia um livro completo. Contudo, ressaltamos que, na esfera de análise de marketing, todas e quaisquer ações ou promoções de negócios, produtos, serviços ou pessoas dependem de recursos financeiros que as viabilizem.

  Assim, a análise dos recursos financeiros é base para o planejamento de marketing, uma vez que é por meio dela que a empresa define o que pode ser feito. Uma boa saída para os momentos em que não há recursos financeiros disponíveis é buscar canais de baixo custo, como redes sociais ou mídia espontânea, ou ações de baixo custo, como parcerias, apoios e *merchandising*.

- **Recursos produtivos** – São responsáveis pela criação do produto ou do serviço. Assim como um produto é elaborado por meio de materiais e de processos que garantem sua qualidade e sua uniformidade, um serviço também necessita de materiais e de processos planejados para garantir sua qualidade.

  Na área de gestão hospitalar, a responsabilidade ligada ao fornecimento de produtos e de serviços adequados, confiáveis e padronizados é ainda maior. Por isso, é de grande importância que a empresa estude os componentes da produção para aperfeiçoar os seus processos.

- **Pesquisa e desenvolvimento de produtos e de processos** – Garantem a melhoria gradativa e frequente dos produtos e dos serviços oferecidos, além de indicarem se a organização criará novas tendências ou se seguirá as tendências ditadas pelo mercado e pelos concorrentes. Para isso, é fundamental que a empresa invista no conhecimento do cliente e de suas necessidades, no aperfeiçoamento dos processos e da tecnologia envolvida, no monitoramento das ações dos concorrentes e das fontes externas, e na criatividade e na busca contínua de melhoria daquilo que oferece.

  O desenvolvimento consiste não apenas em melhorar produtos mas também a qualidade dos serviços prestados. Assim como um medicamento ou um equipamento de exame podem evoluir, a atividade de um colaborador também pode, e deve, ser aperfeiçoada por meio de treinamentos, de estudos e de experiência profissional.

- **Localização** – É um fator determinante na composição do público-alvo da empresa e na abrangência de mercado pretendida por ela. Empresas de varejo ou de venda direta de produtos ao consumidor têm no ponto de vendas o principal aspecto de atração de clientes.

    Segundo observações de empresários e de varejistas, aproximadamente 80% dos clientes de uma loja circulam em sua proximidade, seja enquanto estão no trânsito, seja durante o exercício de suas atividades profissionais, além daqueles que habitam próximo a ela.

    Não fosse assim, os postos de gasolina e as suas lojas de conveniência não estariam localizados em grandes esquinas, com grande fluxo de veículos e com boa visibilidade. Assim, grandes redes de lojas, de supermercados e de restaurantes abrem pontos de vendas espalhados em locais estratégicos nas cidades em que se encontram.

    Dessa forma, o aspecto geográfico pode agregar grande valor à empresa pela visibilidade entre os consumidores, pela comodidade de acesso e pela conveniência de compra, visto que as pessoas aceitam até mesmo pagar mais caro por serviços e por produtos que estão mais perto delas ou que as ajudam a economizar tempo.

- **Imagem organizacional** – O investimento na imagem organizacional ou no reconhecimento da sua marca é a melhor maneira de gerar diferencial e de agregar valor aos produtos e serviços oferecidos, principalmente em áreas como a da saúde, na qual a confiabilidade é um fator determinante nos processos de decisão de compra. Portanto, o valor ou a imagem percebidos pelo cliente são fundamentais.

A construção de uma marca de valor superior se dá por uma série de fatores e de ações ligados à estratégia de marketing, voltados tanto para os clientes em potencial quanto para os intermediários, os influenciadores e o mercado como um todo. Em termos de serviços, devido ao caráter de intangibilidade de seus resultados e à impossibilidade de comparação com os outros serviços antes da sua aquisição, a imagem percebida será o seu principal chamariz, ou seja, ela é um grande diferencial nos processos de escolha. A construção da imagem da marca é objetivo do marketing na construção da estratégia de planejamento, para qualquer tipo de organização, produto, serviço ou mesmo de um profissional.

A análise dos ambientes da atuação e da influência da organização é fundamental para o conhecimento da situação e as consequentes tomadas de decisão, na intenção de prever ameaças e de criar oportunidades para planejar as ações futuras.

Após a identificação dos ambientes de análise, veremos a seguir os modelos de análise de planejamento mais utilizados no planejamento de marketing.

2.4 Modelos de análise de planejamento

Conforme observamos nos roteiros de planejamento, há fases nas quais a busca por informações ou a verificação de situações específicas são necessárias. Para isso, a literatura especializada no assunto apresenta diversos modelos que podem ser utilizados.

Nesta seção, apresentamos os modelos que julgamos ser os mais descomplicados e usuais para a elaboração da análise de planejamento de marketing.

2.4.1 Briefing

O *briefing* consiste em um documento no formato de perguntas e respostas que reúne todas as informações relevantes sobre todas as atividades da empresa e tudo o que a envolve. Aborda aspectos de análises interna e externa e é desenvolvido pela área de marketing, em conjunto com os demais setores da empresa. Os objetivos do *briefing* são orientar e embasar a tomada de decisão com base nas informações obtidas. Deve ser completo, claro e objetivo.

Para desenvolvê-lo, é preciso que a empresa responda da forma mais completa possível a oito[3] aspectos essenciais da sua organização:

1. **Empresa** – Como é a empresa ou o negócio desenvolvido por ela? O que ela vende? Qual é o nome dela? Onde ela está localizada? Qual é a sua história? Como se define o seu posicionamento de mercado? Quais são os seus pontos positivos e os seus pontos negativos? Qual é a reputação da empresa? Qual é sua opinião sobre a organização?
2. **Colaboradores** – Qual é o perfil dos colaboradores? A qualificação deles está acima ou abaixo da média de mercado? Eles são contratados, terceirizados ou profissionais liberais? São especialistas ou técnicos? Qual porcentagem do orçamento da empresa a folha de pagamento representa?

---

3 Apresentamos algumas perguntas que podem ser exploradas pela empresa. Outras podem ser elaboradas de acordo com as necessidades da organização.

3. **Produtos e serviços** – Quais são os produtos e os serviços oferecidos pela empresa? Os produtos são novos, exclusivos, patenteados, comuns? Qual é a média de preço estabelecida para os produtos? Há variação de valores, tipos de produto ou serviços oferecidos? A demanda dos produtos ou dos serviços aumenta em certas épocas do ano? Há espaço para crescer e inovar?
4. **Ponto de venda** – Como são o ambiente e a estrutura onde se localiza o ponto de venda? O que dizer em termos de comodidade e conveniência? O fluxo de clientes aumenta conforme certas épocas ou certos horários?
5. **Histórico de comunicação** – O que já foi feito pela empresa em ações de marketing e de comunicação e quais resultados foram obtidos? O que está sendo comunicado atualmente? Qual é a estratégia de marketing atual? Ela é funcional?
6. **Público-alvo** – Quem e como são os clientes da empresa? A organização tem conhecimento sobre quem compõe seu público-alvo (em aspectos como idade, sexo, classe social, religião, estado civil, moradia, poder de compra, desejos, meios de pagamento, métodos de procura, gostos e necessidades)? Existe variação de compra de acordo com produtos ou serviços? A clientela é fiel? Como o público-alvo conheceu os serviços da empresa? Com que frequência ele retorna às compras?
7. **Concorrentes** – Quais são os principais concorrentes da empresa? Quais produtos são os maiores concorrentes dos produtos que a empresa fabrica, quais são os mais vendidos e os de melhor reputação? Há novos produtos ou parceiros no mercado? O que os concorrentes estão fazendo de bom ou de ruim? Existem produtos, serviços ou compras que os substituem?

8. **Mercado** – Como é o mercado da empresa? Ele está crescendo ou decrescendo, muda com a crise, vende mais em certas épocas do ano ou de acordo com determinadas regiões? Há algum preconceito sobre a empresa ou algum de seus concorrentes? Que órgãos de fiscalização e que leis devem ser observados?

O *briefing* portanto é um conjunto de perguntas cujas respostas permitem dar embasamento à tomada de decisão. Trata-se de um apanhado de informações que abrangem todos os aspectos relevantes, tanto internos (itens 1-5) como externos (itens 6-8) à empresa.

2.4.2 Matriz Swot

A matriz Swot consiste na análise dos ambientes interno e externo à organização. No ambiente interno, são verificadas tanto as questões que beneficiam a empresa quanto as que lhe trazem problemas e estão sob o seu controle, como: recursos humanos, recursos financeiros, estrutura, linha de produtos e potencial de vendas. Por sua vez, no ambiente externo, são analisadas as ameaças e as oportunidades referentes a mercado, concorrência, política, economia e tecnologia, entre outros fatores que estão fora da esfera de controle da organização.

O termo *Swot* origina-se de quatro aspectos de análise: *strengths, weaknesses, opportunities* e *threats*, que, em português, são representados pelo acrônimo *Fofa* – forças, oportunidades, fraquezas e ameaças. A matriz Swot auxilia a empresa a modificar os aspectos internos que estão no controle imediato da organização – os aspectos externos são incontroláveis.

Para desenvolver esse modelo de análise de planejamento, basta à empresa observar os aspectos imbricados a cada um dos aspectos analisados e preencher as informações numa tabela. Um bom auxílio para isso é realizar o levantamento de informações por meio do *briefing* e, logo em seguida, transportar as informações para a matriz Swot.

Quadro 2.1 – Exemplo de matriz Swot

Análise interna		Análise externa	
Forças	Fraquezas	Oportunidades	Ameaças
Lista das forças, dos pontos fortes e dos diferenciais da empresa.	Lista das fraquezas, dos problemas e dos pontos negativos da empresa.	Lista das oportunidades e dos aspectos positivos que vêm de fora da empresa.	Lista das ameaças, dos problemas e das dificuldades que vêm de fora da empresa.

Fonte: Elaborado com base em Kotler, Keller, 2006; Santini; Ludovico, 2013.

Esse procedimento é muito aconselhável porque as informações contidas no *briefing* são mais completas e duráveis e podem ser utilizadas por qualquer colaborador quando ele necessitar. As informações da matriz Swot, devido ao seu caráter objetivo, são mais específicas e apresentam um prazo de validade menor, uma vez que o planejamento deverá trabalhar para minimizar ou sanar os aspectos negativos e valorizar ou potencializar os positivos nela descritos. Por isso, indicamos o *briefing* como etapa anterior à elaboração da matriz Swot.

2.5 Análise de produto

Após a análise da situação atual da empresa e das variáveis internas e externas a ela, é necessário pensar no produto ou na linha de produtos que ela oferece. Entendemos por *produto* tudo o que é entregue ao consumidor a fim de satisfazer as suas necessidades e os seus desejos, a preço determinado. Pode ser tangível e concreto, como um automóvel, ou intangível e imaterial, como uma música. Também pode se referir à contratação de um serviço ou mesmo à atuação de um profissional.

Por exemplo: uma clínica adquire um novo equipamento de exame por imagem; nesse caso, o produto concreto (tangível) é o equipamento, adquirido de um fabricante, e o imaterial (intangível) é o resultado obtido por meio desse aparelho – no caso, o exame. O serviço abrange o trabalho prestado pela clínica, que o vê como um de seus produtos. Nesse exemplo, há também a atuação de um profissional, que é a pessoa que opera o equipamento e realiza a análise da imagem.

Assim, seja tangível, seja intangível, o que uma empresa oferece ao consumidor é sempre um produto, o qual, por essa razão, deve ser constantemente planejado, desenvolvido e aperfeiçoado. Mesmo que seja um serviço, ele presume a construção de uma marca da mesma forma como ocorre com os produtos tangíveis.

Essa observação é importante porque, não raras vezes, podemos cair no conceito de que produtos precisam ser desenvolvidos em termos de imagem, embalagem e conteúdo e evoluir com as mudanças de mercado, ao passo que os serviços são invariáveis, não mudam, tampouco precisam de embalagem ou de construção da marca. Na verdade, não é bem assim. Da mesma maneira que ocorre com os produtos tangíveis, os serviços devem ser elaborados, desenvolvidos e aperfeiçoados constantemente, pois também dispõem de embalagem, conteúdo e necessidade de construção da marca, embora de modo diferente ao dos produtos.

A principal diferenciação de um serviço para um produto consiste em quatro características[4] fundamentais:

---

4 Veremos esses aspectos mais detalhadamente no próximo capítulo.

1. intangibilidade;
2. inseparabilidade;
3. perecibilidade;
4. variabilidade dos serviços.

É necessário à empresa pensar e planejar a situação do produto, desde as variações que ele pode apresentar até aspectos como o seu ciclo de vida e a percepção de valor que ele transmite aos clientes, passando pelo seu preço de venda e pela qualidade e pela confiabilidade que apresenta. Isto é, todas as variáveis que envolvem e definem o produto, na percepção tanto da empresa quanto do consumidor, devem ser observadas com atenção.

Os principais aspectos de análise relativos ao produto ou ao serviço como objetos de venda da organização podem ser definidos por: embalagem; conteúdo; valor percebido; confiabilidade; resultado esperado. Nesses aspectos estão envolvidos tanto questões objetivas e concretas quanto percepções subjetivas e intangíveis. Ambas são relevantes na formulação da experiência de compra.

- **Embalagem** – Diz respeito à imagem externa de um produto ou de um serviço. No caso de produtos tangíveis, a embalagem integra a imagem do produto, mas não necessariamente faz parte dele. Por exemplo: a água mineral não pode ser adquirida sem a embalagem, mas esta não integra o conteúdo daquela. Por sua vez, em termos de serviços, a embalagem se relaciona à imagem transmitida durante a prestação do serviço, percebida pela presença ou não de uniforme nos profissionais, pelo cuidado com o ambiente de trabalho, entre outros aspectos.
- **Conteúdo** – Refere-se ao teor do produto, ao objeto de compra – descartando-se a embalagem – que motivou a necessidade de consumo. No exemplo anterior, o conteúdo é a

própria água. No caso do serviço, o conteúdo é o objetivo da prestação do serviço, definindo-se pela própria execução do trabalho contratado.

- **Valor percebido** – Trata-se do diferencial de valor percebido pelo cliente com relação à imagem da marca, do produto ou do serviço. Como já dissemos anteriormente, quanto maior for o valor percebido pelo cliente sobre determinado produto, mais ele estará disposto a pagar. Geralmente, a percepção de valor está relacionada às estratégias de marketing de marcas destinadas a públicos de maior poder aquisitivo, como consumidores de grifes e de produtos do mercado de luxo.
- **Confiabilidade** – A confiabilidade consiste no histórico de experiências positivas com o produto ou o serviço. À medida que o consumidor ou o mercado encontram aquilo que desejam, desenvolvem uma percepção de confiança, o que, em certa parte, relaciona-se à percepção de qualidade.

  Na área da saúde, tanto produtos quanto serviços necessitam de alta percepção de confiabilidade para que as empresas responsáveis por eles ganhem mercados e os mantenham. Raramente essa percepção é construída apenas por meio de ações de comunicação e de marketing. Pelo contrário, ela se forma pela experiência positiva dos profissionais da saúde e pelo relato de influenciadores e de intermediários.
- **Resultado esperado** – À medida que a marca vai se tornando conhecida, o mercado consumidor passa a desenvolver certa expectativa com relação aos produtos e serviços oferecidos por ela. Uma percepção positiva de resultado está relacionada a um constante índice de confiabilidade, o que, muitas vezes, possibilita à marca praticar uma política de preços mais elevada. Entretanto, uma percepção negativa de

resultado pode não apenas derrubar as vendas mas até mesmo inviabilizá-las, o que obriga a empresa a adotar uma postura de preços extremamente baixos.

Bom exemplo disso é a linha de produtos médicos da Johnson & Johnson. Essa marca apresenta uma grande percepção de valor e de confiabilidade, o que lhe confere credibilidade e a auxilia a promover toda a sua linha de produtos, nas mais diversas áreas de atuação.

Uma de suas marcas é a Ethicon, fornecedora de fios para sutura, considerados por muitos profissionais da área médica como um dos melhores produtos do mercado, por perceberem nela uma qualidade maior de sutura e um nível superior de resultados obtidos.

Sobre isso, reflitamos: um cirurgião-geral precisa escolher entre realizar uma sutura com um fio Ethicon, de qualidade comprovada, e utilizar um similar, de marca ainda desconhecida. Talvez o hospital em que ele atue tenha adquirido a outra marca por se tratar de um produto semelhante, com um preço mais convidativo. Mesmo assim, a direção faculta ao cirurgião a escolha entre as marcas. Qual seria a escolha mais provável?

De forma semelhante um paciente pagaria a mais por um procedimento realizado com produtos de uma marca notoriamente reconhecida?

A escolha parece óbvia. Isso se chama *credibilidade, valor* e *resultado esperado*, por meio da imagem da marca. Por mais que não conheçamos o produto, tanto no papel de um profissional como no de um paciente, a construção da marca ou da imagem do produto influenciam diretamente em nossas decisões de compra, principalmente em uma área na qual o fator risco de vida está diretamente envolvido.

A seguir, indicamos dois modelos de análise de situação de produto que auxiliam a pensar e a desenvolver o estágio de vida dos produtos e dos serviços oferecidos: a matriz BCG e a análise do ciclo de vida (ACV) do produto.

2.5.1 Matriz BCG

A matriz BCG foi desenvolvida pelo Boston Consulting Group – daí a sigla BCG. Esse modelo de análise visa comparar a possibilidade de crescimento de mercado (vendas futuras) com a participação de mercado (vendas atuais) que se espera de um produto ou de um serviço. A posição que estes ocupam de acordo com essas variáveis determina a posição deles na matriz e a consequente estratégia de negócio a ser adotada.

As posições são:

- **estrela** – produto com alta participação em um mercado em ascensão;
- **vaca leiteira** – produto líder ou com boas vendas, mas em um mercado de baixo crescimento ou estagnado;
- **abacaxi** – produto de baixa participação e em um mercado de baixo desenvolvimento;
- **interrogação** – produto de baixa participação, mas em um mercado de alto crescimento ou com possibilidade de evolução.

Todo produto surge como uma interrogação, pois não se sabe ao certo o que esperar dele. Nessa fase, o investimento nele é alto, assim como a sua expectativa de crescimento. O próximo passo é que ele se torne uma *estrela*, conforme ganhe participação de mercado. Em seguida, com a estabilização da sua participação e do seu crescimento, passa a ser uma *vaca leiteira*, um produto no qual o investimento já foi realizado e continua vendendo. Por fim, com a perda de vendas e de potencial de mercado, o produto passa a ser um *abacaxi*, ou seja, algo para ser renovado ou esquecido – nem todos os produtos, no entanto, chegam a essa fase.

A seguir, no Gráfico 2.1, apresentamos um exemplo de matriz BCG.

Gráfico 2.1 – Exemplo de matriz BCG

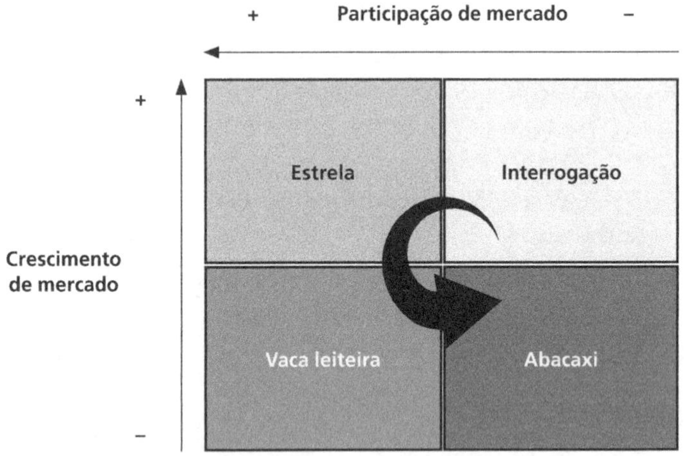

Fonte: Elaborado com base em Martins, 2004.

2.5.2 Análise do ciclo de vida do produto

Para ilustrarmos esse conceito, podemos alinhar os aspectos da matriz BCG ao gráfico da ACV do produto. Nesse caso, a evolução do produto na matriz BCG é esclarecida no gráfico da ACV por meio da curva de vendas. Assim, cada fase da matriz BCG se relaciona a um momento de participação vivido pelo produto (introdução, crescimento, maturidade e declínio). As curvas de vendas, de investimento e de lucro representam um padrão médio, pois há variação de acordo com cada situação analisada, pois ela envolve o produto, o mercado e o período avaliados. Por fim, ao observarmos a relação vendas *versus* investimento, notamos que a matriz BCG assume seu melhor momento na fase de vaca leiteira; assim, cabe à organização manter os seus produtos e os seus serviços o maior tempo possível nessa condição.

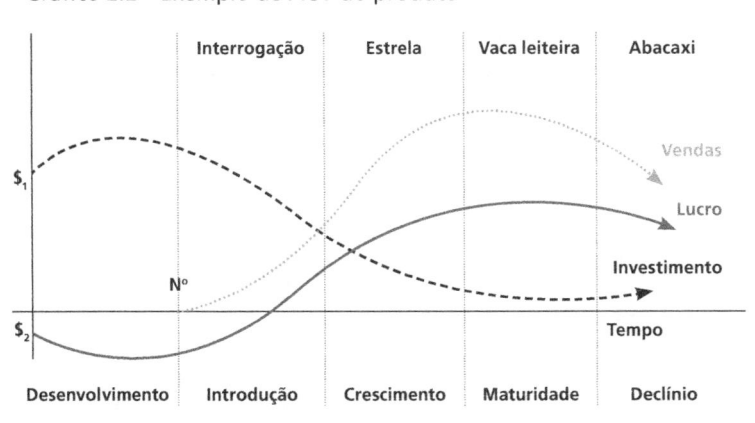

Gráfico 2.2 – Exemplo de ACV do produto

N°: número de vendas.
$_1$: investimento.
$_2$: lucro.

Fonte: Elaborado com base em Cobra, 2012; Santini; Ludovico, 2013.

As fases da vida de um novo produto ou serviço são específicas, definidas conforme demonstramos no Gráfico 2.2. Contudo, em todo o ciclo, o tempo ou a abrangência de cada fase depende de cada produto. Há casos em que o desenvolvimento pode levar anos; já a introdução e o crescimento, poucos dias, ao passo que a maturidade parece ser eterna. A noção, portanto, deve ser a de que os ciclos de vida dos produtos e dos serviços precisam ser planejados e desenvolvidos para evoluir e acompanhar as necessidades do mercado, permitindo que a organização aproveite novas oportunidades.

A seguir, apresentamos mais detalhadamente cada elemento da ACV do produto.

- **Desenvolvimento** – A primeira fase de todo produto é o desenvolvimento. Considerando as necessidades e os desejos do consumidor, bem como por meio da observação de oportunidades, empresas, empreendedores e profissionais planejam e desenvolvem novos produtos e serviços. O desenvolvimento ou o aperfeiçoamento de um produto é acompanhado por investimento, pesquisa, testes de consumo e produção.
- **Introdução** – Nesta fase, o produto é lançado no mercado, e as empresas buscam abrir canais de distribuição e gerar demandas e oportunidades de negócio para atrair clientes. Nesse momento, o produto apresenta grande expectativa de crescimento, mas ainda tem baixa participação e poucas vendas no mercado. O nível de investimento em pesquisa diminui, e o foco passa a ser a entrada no mercado. Além disso, mesmo com poucas vendas, já é possível obter algum retorno, o qual é normalmente revertido em ações de comunicação.
- **Crescimento** – Nesta fase, o produto ganha participação de mercado, e as vendas aumentam. Quanto maiores forem o sucesso do produto e o investimento em sua divulgação, maior

e mais rápido será o seu crescimento. Nessa etapa, o produto dispõe de potencial de aumento tanto de participação no mercado quanto de vendas. Com isso, a necessidade de investimento tende a diminuir e os lucros começam a aparecer.

- **Maturidade** – Atingir a maturidade não é tarefa fácil. Nesta etapa, o produto tem grande participação de mercado e não há mais espaço para crescimento. Em virtude disso, o nível de investimento é baixo. Portanto, esse é o momento de colher os frutos e de aproveitar os lucros. Sem dúvida, trata-se da fase mais lucrativa, e o objetivo da organização deve ser prolongá-la ao máximo.

- **Declínio** – Por fim, com as transformações causadas pelo tempo, como os avanços tecnológicos, as mudanças de mercado e o desgaste natural do produto, ocorre a diminuição das vendas. Assim, a organização deve decidir se cria um novo produto, mais adequado às novas necessidades de mercado, ou se aperfeiçoa o já existente. Com a criação de algo novo, entram novamente em cena o risco e o investimento na sua introdução no mercado; contudo, o potencial de crescimento volta a ser grande. Já no caso de aperfeiçoamento do produto existente, o potencial de crescimento será restringido, embora o investimento e o risco sejam menores.

2.6 Princípios e objetivos da organização

Um aspecto fundamental para a construção do planejamento de marketing de uma organização é a definição dos princípios e seus objetivos: o que se pretende atingir, que patamar deseja alcançar, como e para que ela existe. É como definir um norte, um rumo a ser seguido, e o marketing é uma das ferramentas que auxiliam essa tarefa. Toda organização, pequena ou grande, que vende produtos ou serviços, precisa entender e definir o que pretende, isto é, qual será o seu objetivo comercial.

Segundo Tajra e Santos (2003), a definição dos princípios organizacionais auxilia nas tomadas de decisão, na definição dos rumos do planejamento estratégico e, consequentemente, nas ações de marketing, que visam à promoção de tudo que está ligado à organização. Diante disso, apresentamos a seguir a definição de tais princípios, conforme Tajra e Santos (2003).

2.6.1 Missão

A missão é o objetivo da empresa, a razão de ela existir. Na área da saúde, é comum a existência de organizações com missão altruísta e beneficente, voltadas para questões de cunho social, com o objetivo de atender às pessoas e diminuir o sofrimento delas.

A missão de uma organização deve responder ao que será feito para, por meio do negócio praticado, atingir o que se propõe como visão. Assim como o negócio presume a observação das necessidades e dos desejos dos clientes quando procuram por produtos, na definição de missão, busca-se perceber as necessidades e os desejos da organização ao desenvolver o seu negócio, ou seja, quais são as razões que motivam a sua existência.

2.6.2 Visão

A visão refere-se ao sonho da empresa, ao que ela deseja alcançar, onde quer estar e como quer ser vista no futuro. Deve ser uma meta positiva, alcançável, datada e ligada ao negócio exercido pela empresa. A definição da visão auxiliará os responsáveis pelo planejamento a direcionar o futuro da organização, incluindo metas para longo prazo, como 5, 10 ou 20 anos.

A falta de visão de futuro gera a falta de perspectiva e de objetivos a longo prazo, acarretando ações de planejamento momentâneas, que dificilmente levam uma empresa a crescer e a desenvolver-se para alcançar novos mercados e patamares. Exemplos de visão são as frases "ser a líder do segmento", "tornar-se referência na área", "ser reconhecida como a melhor do ramo", entre outras.

2.6.3 Negócio

O negócio está relacionado ao que a empresa vende, seja um produto, seja um serviço. Porém, em uma visão mais ampla, o negócio é definido não somente pelos produtos que empresa vende mas também pela necessidade que os clientes têm de obtê-los. Assim, transcende ao mero aspecto da fabricação de produtos.

Por exemplo, o negócio de um hospital não é vender serviços médicos, mas atender às necessidades de seus pacientes. A correta definição do negócio de uma empresa a auxilia no processo de desenvolvimento de seus produtos e serviços, acompanhando as alterações do mercado e as mudanças tecnológicas, culturais e comportamentais, sempre com foco nas necessidades dos clientes.

2.6.4 Valores

Os valores dizem respeito aos princípios da organização, à ética e às crenças que ela adota. São os princípios que dão base aos processos de tomada de decisão nos conflitos, nas ações e no planejamento organizacional.

Os valores de uma organização devem refletir-se em todos os níveis de contato (por exemplo, no desenvolvimento de produtos e serviços e na implantação de uma política de preços, assim como na garantia, no atendimento, no relacionamento, nos recursos humanos etc). Também devem estar presentes na definição da missão, da visão e do negócio, visto que tais elementos elucidam a maneira como a empresa age.

Os valores, portanto, envolvem a definição de um padrão no modo de operar da empresa, se ela será gentil, ágil, honesta, pioneira etc.

Para auxiliar na compreensão da importância dos quatro conceitos apresentados nos itens anteriores, indicamos alguns exemplos retirados das páginas oficiais de algumas instituições de saúde. Observe que as definições dos hospitais se referem aos conceitos recém-discutidos, mesmo que estejam descritas de forma diferente.

Hospital Israelita Albert Einstein

Situado na cidade de São Paulo, é mantido pela Sociedade Beneficente Israelita Brasileira.

Missão, Visão e Valores

Conheça um pouco mais sobre a Sociedade Beneficente Israelita Brasileira Albert Einstein

Missão

Oferecer excelência de qualidade no âmbito da saúde, da geração do conhecimento e da responsabilidade social, como forma de evidenciar a contribuição da comunidade judaica à sociedade brasileira.

Visão

Ser líder e inovadora na assistência médico-hospitalar, referência na gestão do conhecimento e reconhecida pelo comprometimento com a responsabilidade social.

Valores

Mitzvá, Refuá, Chinuch e Tsedaká, ou seja, Boas Ações, Saúde, Educação e Justiça Social. Foram esses os preceitos judaicos que motivaram médicos da comunidade judaica a fundar a Sociedade Beneficente Israelita Brasileira Albert Einstein há mais de 60 anos. Somados aos valores organizacionais (Honestidade, Verdade, Integridade, Diligência, Competência e Justiça), norteiam as atividades e os colaboradores da instituição. (Hospital Israelita Albert Einstein, 2016, grifos do original)

Rede Sarah de Hospitais de Reabilitação

Mantida pela Associação das Pioneiras Sociais, a Rede Sarah de Hospitais de Reabilitação está presente em várias capitais do Brasil nas quais oferta uma variedade de especialidades médicas.

Criar uma rede de neurorreabilitação, que entenda o ser humano como sujeito da ação e não como objeto sobre o qual se aplicam técnicas.

Trabalhar para que cada pessoa seja tratada com base no seu potencial e não nas suas dificuldades.

Vivenciar o trabalho multidisciplinar em saúde como um conjunto de conhecimentos, técnicas e atitudes unificadas, destinadas a gerar um processo de reabilitação humanístico.

Transformar cada pessoa em agente de sua própria saúde.

Atuar na sociedade para prevenir a incapacidade, combatendo, ao mesmo tempo, preconceitos quanto às limitações e diferenças, pois o que caracteriza a vida é a infinita variação da forma que no tempo muda.

Valorizar a iniciativa inovadora e a troca de experiências, no ensino e na pesquisa, estimulando a criatividade de pessoas e grupos, gerando conhecimento.

Melhorar a qualidade dos serviços prestados a um número cada vez maior de cidadãos, através da eficiente aplicação dos recursos e da continuada qualificação dos seus recursos humanos.

Restituir ao cidadão brasileiro, com serviços qualificados de saúde e de reabilitação, os impostos que por ele foram pagos.

Viver para a saúde e não sobreviver da doença. (Rede Sarah de Hospitais de Reabilitação, 2016, grifos do original)

Hospital Pequeno Príncipe

Localizado em Curitiba e especializado no atendimento infantil e infanto-juvenil, o Hospital Pequeno Príncipe é mantido pela Associação Hospitalar de Proteção à Infância Dr. Raul Carneiro.

O Hospital Pequeno Príncipe esteve sempre voltado ao cuidado da saúde numa concepção integral. Cuidar da saúde é cuidar do ser em sua integralidade, buscando interagir em várias dimensões.

O Pequeno Príncipe foi um dos pioneiros no Brasil na implantação do conceito de humanização como um de seus principais valores, através da utilização de sistemas integrados e multiprofissionais de atendimento que percebem o ser humano na sua totalidade e individualidade, sempre

> procurando respeitar sua dignidade e oferecer também aos familiares o acolhimento e não limitado apenas à patologia que causou a internação.
>
> **MISSÕES**
>
> [...]
>
> **Hospital**: Promover a saúde da criança e do adolescente por meio da assistência, do ensino e da pesquisa. [...]
>
> **VALORES**
>
> Aprimoramento técnico-científico
> Integralidade e humanização do cuidado
> Interação com a família
> Equidade na atenção
> Inovação na assistência
>
> **PRINCÍPIOS**
>
> Amor à criança
> Busca pela excelência
> Multiplicação do conhecimento
>
> **DIRETRIZES INSTITUCIONAIS**
>
> Satisfação e segurança do paciente
> Valorização dos colaboradores e dos profissionais de saúde
> Sustentabilidade econômica e financeira
> Fortalecimento institucional
> Responsabilidade social (Hospital Pequeno Príncipe, 2017, grifos do original)

Ao observar as definições dessas organizações, fica claro que elas têm o papel não apenas de orientar o planejamento, mas, sobretudo, de embasar todo um modo de agir e pensar, sua política, seus objetivos e princípios. Assim, é fundamental que todos na organização conheçam e sejam guiados por seus aspectos norteadores.

2.7 Modelos de planejamento

Existem diversos modelos utilizados para a formulação e a aplicação de um planejamento estratégico de marketing. A seguir, apresentamos dois modelos descomplicados e intuitivos, com base nos quais será possível, por meio das análises e dos assuntos tratados neste capítulo, elaborar um planejamento adequado de marketing.

O primeiro modelo é composto por tópicos que seguem uma sequência lógica de execução e que, ao serem respondidos, desenvolvem a estratégia de planejamento. O segundo é elaborado por meio de uma tabela e é mais intuitivo e gerencial do que o primeiro, embora não seja tão detalhado quanto ele.

2.7.1 Modelo de planejamento em tópicos

Para desenvolver esse modelo de planejamento estratégico, basta respondermos aos seus tópicos de forma precisa e completa. Ao final, teremos um quadro com muitas informações sobre a situação da organização e do mercado, além do direcionamento dos rumos institucionais e das ações de marketing.

Esse modelo é ideal para novos planejamentos, pois presume muita análise e coleta de informações. Assim, reúne todas as condições necessárias para auxiliar no conhecimento do negócio e nos processos de tomada de decisão.

Recomendamos que, na elaboração dos primeiros planejamentos de marketing, seja utilizado um modelo de planejamento mais completo; com o passar dos anos e conforme a experiência em lidar com as questões do mercado e do negócio da empresa, pode-se migrar para modelos executivos que sejam mais objetivos.

A seguir, listamos o passo a passo do modelo de planejamento em tópicos.

Passo um: análise e pesquisa

- Análise do macroambiente: descrição de questões relevantes, ameaças e oportunidades referentes aos ambientes sociodemográfico, sociocultural, político-legal, econômico e tecnológico.
- Análise do microambiente: descrição de questões relevantes referentes a aspectos externos (mercado, público-alvo, concorrentes, fornecedores, intermediários e influenciadores) e internos (recursos humanos, recursos financeiros, produção, pesquisa e desenvolvimento, localização e imagem).
- Resumo da situação atual da empresa.
- Análise da linha de produtos e serviços oferecidos.
- Levantamento dos objetivos e do posicionamento atual da empresa.
- Descrição e análise do cliente atual.

Passo dois: definições e objetivos

- Definição dos princípios: missão, visão, valores e negócio.
- Estabelecimento da estratégia de posicionamento da organização.
- Elaboração das metas e dos objetivos da organização.
- Exposição dos objetivos e do aperfeiçoamento da linha de produtos.
- Desenvolvimento de objetivos e de metas de comunicação.

- Definição das ações a serem realizadas a curto, médio e longo prazos, tais como: ações de publicidade, relações públicas, ponto de vendas, marketing direto, promoção, internet, embalagem, comunicação visual, parcerias e patrocínio.
- Limitação do investimento e da aplicação da verba em cada ação e período de campanha.

Passo três: criação do plano

- Seleção das ações que poderão ser executadas em cada período.
- Criação e contratação das ações planejadas.
- Elaboração do cronograma de ação.
- Escolha da equipe interna.

Passo quatro: execução do plano

- Implantação de ações internas e de treinamentos com base no envolvimento da equipe.
- Execução das ações de responsabilidade da empresa.
- Execução das ações de responsabilidade de terceiros.
- Controle das ações e coleta dos resultados.

Passo cinco: avaliação do plano

- Avaliação das ações implementadas.
- Apreciação dos resultados obtidos a curto, médio e longo prazos.
- Análise do ganho organizacional.
- Diagnóstico do resultado das ações com base nos investimentos.
- Considerações para novas ações e novos planejamentos.

2.7.2 Modelo de planejamento horizontal

Alguns modelos de planejamento são um tanto quanto teóricos, ao passo que outros se revelam essencialmente práticos. É difícil apontar um modelo melhor ou mais adequado, pois a escolha pode variar de acordo com a experiência da equipe de planejamento ou do negócio que se deseja planejar.

Um modelo que sempre indicamos, em razão da facilidade de aplicação, é o planejamento com base na matriz Swot. Assim, é possível aperfeiçoar os padrões teóricos no decorrer da prática profissional e construir um modelo próprio.

A grande vantagem do modelo de planejamento horizontal é a sua simplicidade, pois basta acompanhar os temas, item a item, preenchendo adequadamente o quadro derivado da matriz Swot (Quadro 2.2). Após o completo preenchimento, o modelo de planejamento horizontal estará pronto para a implantação.

A seguir, apresentamos um roteiro para facilitar o entendimento de como o quadro deve ser preenchido.

Passo um: lista de pontos importantes

Com base em coletas de informações, pesquisas de mercado ou modelos de análise como o *briefing*, devem-se listar os itens mais importantes relativos aos aspectos externos e internos à empresa (produto, serviço, mercado, consumidor, concorrentes etc.). Essa lista deve ser feita em tópicos e conter as principais forças, fraquezas, ameaças e oportunidades da organização.

Passo dois: inserção dos pontos importantes no quadro

Deve-se preencher o quadro com os itens referentes à fase de análise (forças, fraquezas, ameaças e oportunidades), levantados no passo anterior. Destacamos que deve haver cuidado para não confundir os aspectos internos (os quais podem ser controlados) com os externos (que não podem ser controlados).

Passo três: elaboração de sugestões

Para cada linha do quadro ou para cada aspecto importante, deve-se elaborar ao menos uma sugestão de ação, melhoria ou mudança. Essa é a fase mais importante deste modelo, pois nela são criadas as ideias que darão base às ações do planejamento.

Passo quatro: desenvolvimento do planejamento

Essa é a fase de aplicação das ações planejadas no passo anterior. Após a elaboração das sugestões, é preciso selecionar as melhores ideias para desenvolver o plano de ação. Alguns elementos devem ser considerados para cada umas das ações: o que deve ser feito; qual é a meta ou o objetivo; quem será a pessoa responsável pela sua execução; quais são os recursos disponíveis para ela; quais os prazos de início e de fim; que procedimentos seguir para a avaliação dos resultados.

Com base nas informações coletadas no último passo, basta preencher o Quadro 2.2, exposto a seguir. Observe que as fases do planejamento apresentadas anteriormente na abordagem dos 4As estão representadas em cada parte do modelo horizontal.

Quadro 2.2 – Modelo de planejamento horizontal derivado da matriz Swot

	Fator de análise	Sugestões	Ação	Meta/Objetivo	Responsável	Recurso	Prazo	Avaliação
Aspectos internos	Forças							
	Fraquezas							
Aspectos externos	Ameaças							
	Oportunidades							
4As	Análise	Adaptação		Aplicação				Avaliação

Planejamento de marketing 133

Síntese

Neste capítulo, demonstramos que, por essência, a atividade de marketing envolve planejamento, o qual pode ser definido pelos atos de analisar, criar, implementar e organizar ações no momento presente visando alcançar objetivos específicos no futuro. Para auxiliar no desenvolvimento do planejamento, existem roteiros que devem ser utilizados.

Ao descrevermos os princípios do planejamento de marketing, destacamos que a elaboração de todo o processo de planejamento pode ser definida em quatro fases: analisar a situação atual como um todo e as suas variáveis; pensar nas soluções para os problemas levantados; implementar as ações definidas; e avaliar o processo finalizado.

Sobre a primeira fase, a de analisar a situação atual da empresa, comentamos que há dois ambientes que devem ser alvo dessa análise: o macroambiente, que presume a observação de aspectos independentes da ações da empresa, tais como sociais, demográficos, culturais, político-legais, econômicos e tecnológicos; e o microambiente, sobre o qual devem ser consideradas questões referentes a fatores mais próximos das ações da empresa, tanto externos a ela, como mercado, público, concorrentes, fornecedores, intermediários e influenciadores, quanto internos a ela, como recursos humanos, recursos financeiros, recursos produtivos, localização e imagem organizacional.

Apresentamos alguns modelos de análise de planejamento, como o *briefing*, que auxilia no levantamento geral de informações sobre todos os aspectos que envolvem a empresa (seu negócio, seu produto etc.), e a matriz Swot, a qual consiste na análise das forças, das fraquezas, das ameaças e das oportunidades presentes no contexto da organização. Além desses dos modelos, mencionamos também a matriz BCG e a análise do ciclo de vida do produto, modelos utilizados na análise da situação do produto. Tais modelos servem para criar referências a respeito do que é importante saber, observar e pesquisar sobre a organização, os produtos que ela oferece ao seu público e o mercado que ela atinge, a fim de embasar os processos de tomada de decisão na estratégia de planejamento.

Discutimos, ainda, a importância de se definirem e se seguirem os princípios organizacionais conhecidos como *missão* (o objetivo da empresa), *visão* (o sonho da empresa), *negócio* (o que ela faz) e *valores* (os seus preceitos). Com base neles, as ações e os planos da organização adquirem sentido, ilustrado como um caminho a ser trilhado. Assim, o planejamento não deve ser focado apenas no momento ou no problema atual, mas nas aspirações, nos sonhos e nos objetivos da organização, respeitando os seus princípios.

Por fim, analisamos dois modelos de planejamento – um que pode ser elaborado em forma de texto e outro que pode ser elaborado por meio de um quadro – resumindo os principais aspectos abordados em ambos. Entretanto, frisamos que existem diversos outros modelos na literatura especializada e que, independentemente do modelo escolhido para criar o seu planejamento de marketing, a empresa deve lembrar-se de seguir os seus princípios.

Questões para revisão

1. Com base no que foi discutido neste capítulo, responda à seguinte pergunta: O que é planejamento de marketing?

2. Para iniciar um planejamento de marketing, primeiramente é preciso conhecer a situação em que a organização se encontra. Para isso, existem modelos de análise de planejamento, como a matriz Swot. Explique em que consiste esse modelo.

3. Com relação aos princípios organizacionais, relacione as colunas a seguir.

(A) Missão
(B) Visão
(C) Valores
(D) Negócio

( ) A atividade primordial da empresa. Desenvolver e entregar produtos e serviços adequados às necessidades e aos desejos do cliente.
( ) Os princípios da organização, sua ética, suas crenças e seu padrão de procedimento.
( ) O objetivo da organização, a sua razão de existir.
( ) O sonho, a meta da organização, onde ela quer estar no futuro.

Agora indique a alternativa que apresenta a sequência correta:
a) A, C, B, D.
b) D, C, A, B.
c) D, B, A, C.
d) A, C, D, B.

4. Em um planejamento, qual é a etapa na qual colhemos informações, fazemos pesquisas e conhecemos o nosso mercado, os nossos consumidores e os nossos concorrentes?
a) Adaptação.
b) Avaliação.
c) Análise.
d) Aplicação.

5. Em qual fase os processos definidos no planejamento são executados?
   e) Adaptação.
   f) Avaliação.
   g) Análise.
   h) Aplicação.

Para refletir...

Desenvolver uma estratégia de planejamento de marketing pode parecer uma necessidade somente das grandes indústrias, das empresas com grande alcance de vendas ou dos grandes comerciantes. No entanto, o planejamento de marketing se aplica a todos os empreendimentos, até mesmo o de um profissional autônomo, cujo produto é a própria força de trabalho.

Dessa maneira, destacamos que, independentemente do tamanho do negócio, o planejamento de marketing auxilia não somente no crescimento da organização mas também na sua sobrevivência.

Sem planejamento, a única saída para as organizações ou para os profissionais autônomos é contarem com a própria sorte.

Perguntas & respostas

Quais podem ser as contribuições efetivas do planejamento de marketing na gestão de uma organização hospitalar?

Dentre as muitas contribuições do planejamento de marketing na gestão de uma organização hospitalar, destacamos:

- o aperfeiçoamento da comunicação interna;
- o aumento da facilidade na troca de informações com os clientes e os pacientes;
- o aprimoramento da efetividade das ações, uma vez que elas passam a ser planejadas;
- a melhora da imagem organizacional e o consequente reflexo em todos os setores;
- a elevação, por parte dos clientes, da percepção do valor e da qualidade dos serviços prestados;
- o progresso da satisfação dos clientes relacionada às experiências de consumo dos produtos da organização;
- o crescimento da procura pelos produtos e serviços da organização.

Para saber mais

MADRUGA, R. P. et al. **Adminstração de marketing no mundo contemporâneo**. Rio de Janeiro: FGV, 2004.

MARTINS, Z. **Propaganda é isso aí!**: um guia para novos anunciantes e futuros publicitários. São Paulo: Atlas, 2004.

SANTINI, F. R.; LUDOVICO, N. (Org.). **Gestão de marketing**: o plano de marketing como orientador das decisões. São Paulo: Saraiva, 2013.

Esses livros apresentam com mais detalhes os assuntos abordados neste capítulo. São obras de referência para aqueles que desejam aprofundar seus conhecimentos na área do marketing.

Capítulo 3
Estratégias de marketing

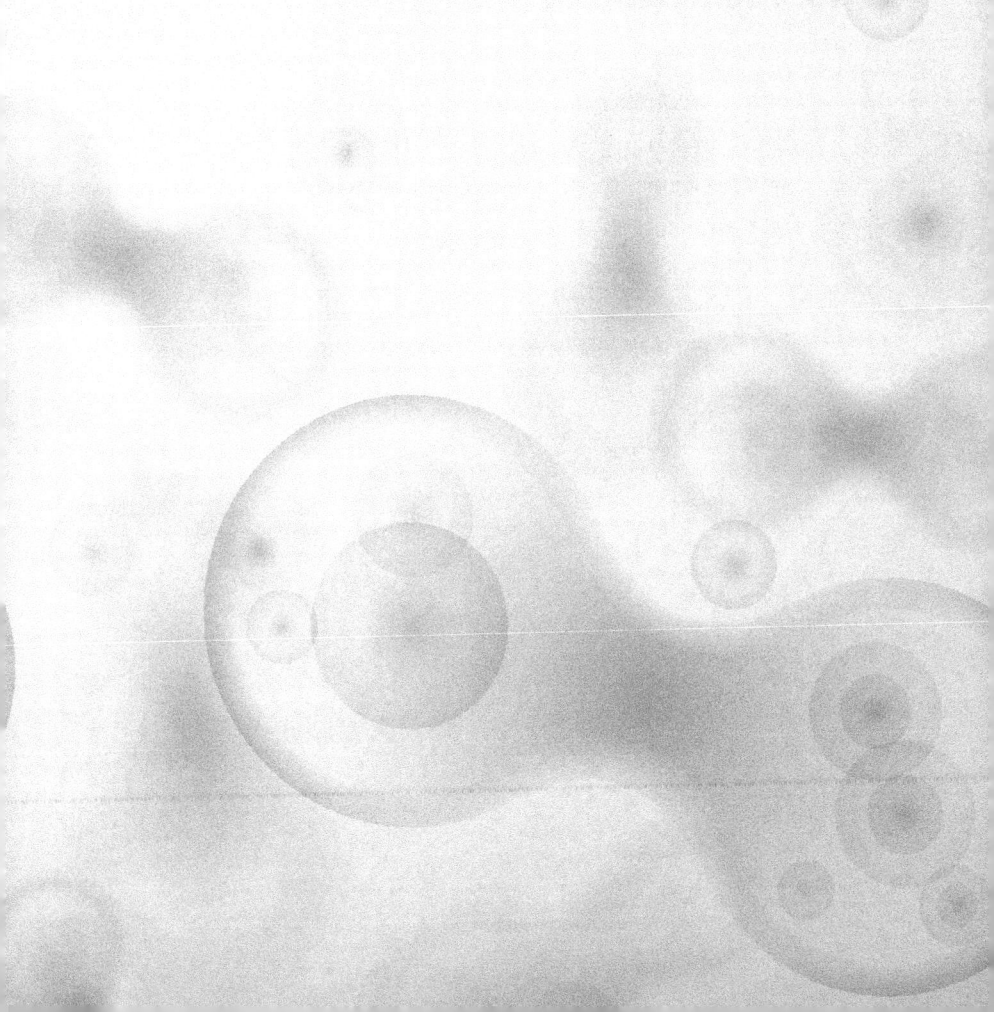

Conteúdos do capítulo:

- Marketing institucional e imagem organizacional.
- Marketing de serviços.
- Segmentação de mercado e posicionamento de marketing.
- Marketing de relacionamento e de fidelização.
- Endomarketing.
- *Trade* marketing.

Após o estudo deste capítulo, você será capaz de:

1. diferenciar *marketing institucional, marketing de produto* e *marketing de serviços*;
2. identificar estratégias e ações de marketing institucional;
3. avaliar a segmentação e o posicionamento de mercado da organização;
4. elaborar ações de relacionamento com os clientes e de fidelização deles;
5. analisar e aperfeiçoar estratégias e ações ligadas ao endomarketing e ao *trade* marketing.

Neste capítulo, discutiremos algumas das mais importantes ferramentas de marketing para a construção e a diferenciação da marca. Assim como no *mix* de comunicação existem diversas ferramentas, conforme apresentamos no Capítulo 1, na estratégia de marketing também encontramos uma variedade de ações e de estratégias que podem ser utilizadas tanto para estruturar quanto para completar o plano.

No processo de planejamento da estratégia de marketing, podemos adotar ações para viabilizar os seguintes objetivos: diferenciar a marca organizacional e agregar valor a ela, focar em um segmento específico do mercado, fidelizar os clientes, estabelecer um relacionamento com os colaboradores, melhorar o ambiente interno da empresa, além de muitos outros objetivos estratégicos conforme surjam novas necessidades.

A seguir, analisaremos algumas dessas estratégias e a relevância delas para a construção do planejamento de marketing, focalizando nas possibilidades das ações e na aderência delas à área da gestão hospitalar.

3.1 Marketing e imagem organizacional

O marketing organizacional compreende um conjunto de ações realizadas por uma organização com o objetivo de promover sua imagem perante o público. As ações são executadas de forma coordenada e planejada para promover o conhecimento da marca da organização, desenvolver a percepção de valor dessa marca pelos clientes, aumentar a sua credibilidade e divulgar a sua linha de produtos e de serviços.

A imagem de uma organização abrange o conjunto de valores e as percepções que o mercado e os consumidores formulam a respeito dela. Refere-se ao significado simbólico da empresa, à figura sobre ela elaborada na mente do consumidor. A imagem constrói-se com base na trajetória da empresa e no poder da sua marca, na sua linha de produtos, na percepção dos clientes sobre ela, na sua postura perante os concorrentes e na política que ela adota diante do mercado.

À medida que os anos passam, os consumidores adquirem uma percepção de valor sobre as empresas das quais compram produtos ou serviços. Dessa maneira, desenvolve-se o que chamamos de *imagem percebida*.

Por exemplo, quando pensamos em determinada marca com a qual já tivemos uma experiência de compra, prontamente irrompe em nossa mente uma imagem sobre tal empresa – ou então sobre o produto ou serviço por ela oferecido. Essa imagem se baseia tanto em nossa experiência quanto na percepção geral que temos sobre o mercado.

A percepção de valor ou de imagem pelos consumidores de determinada marca pode ser construída com o auxílio das atividades de marketing. Nesse sentido, a percepção pode ser melhorada ou, até mesmo, alterada por meio de ações de marketing institucional, planejadas e coordenadas com esse propósito.

Lembramos que o marketing e a imagem institucional são correlacionados e interdependentes, pois um é resultado das ações do outro. Assim, ao desenvolver o marketing institucional, ou seja, a construção da imagem da marca para determinada organização, cria-se uma imagem perante o mercado e se consolida uma percepção na mente dos consumidores – a imagem organizacional.

O investimento em marketing institucional, aliado à consequente construção da imagem da marca, é uma das melhores ferramentas para promover todos os produtos ou linhas de produtos de uma empresa de uma única vez. As organizações investem para construir uma imagem perante o público com o objetivo de facilitar a venda de seus produtos, ou seja, agregar valor ao intangível (a marca) para, assim, valorizar o tangível (os produtos).

Por exemplo, empresas que atuam no setor de vestuário, como a Tommy Hilfiger e a Lacoste, ou de artigos esportivos, como a Nike e a Adidas, raramente anunciam determinado produto em particular. Pelo contrário, elas investem na promoção da imagem institucional da marca, pois, ao fazerem isso, automaticamente promovem todos os produtos das suas linhas.

Esse princípio também pode ser observado em produtos voltados à área hospitalar. Devido à grande variedade e à grande especificidade das linhas de produtos, a promoção por meio da imagem da marca também se torna mais efetiva.

Outro segmento no qual são feitos investimentos em marketing institucional é o referente à promoção de organizações que atuam em mercados não competitivos ou sem fins lucrativos, como museus, hospitais, universidades, associações e organizações não governamentais (ONGs). Tais empresas investem em comunicação para o desenvolvimento da identidade corporativa, na intenção de agregar valor à sua imagem e, assim, melhorar a percepção da sociedade sobre ela, bem como atrair e competir por mais recursos, doações e incentivos.

As marcas estão presentes em nosso dia a dia. Para todos os produtos que consumimos, fazemos escolhas. Quando adquirimos um medicamento, optamos por uma marca em detrimento de outra. Da mesma forma ocorre com a compra de um automóvel. Também na prestação de serviços e na contratação de profissionais, quase sempre há uma marca associada e, por isso, também há percepção de valor por parte de quem os utiliza.

Na seção a seguir, apresentaremos mais detalhes sobre o marketing de serviços, pois, assim como é importante construir uma imagem organizacional, é preciso conhecer as características e as diferenciações do marketing de serviços para poder promovê-lo.

3.2 Marketing de serviços

Conforme comentamos no Capítulo 2, produtos e serviços dizem respeito ao que é entregue ao consumidor a determinado preço a fim de satisfazer suas necessidades e seus desejos. Contudo, com relação aos serviços, alguns aspectos da sua composição e do que é entregue ao consumidor são essencialmente diferentes. Enquanto um produto é algo físico e palpável, um serviço é intangível e imaterial, isto é, não pode ser estocado ou previamente testado.

As principais características atribuídas aos serviços, com base nas quais os diferenciamos dos produtos, estão apresentadas a seguir:

- **Intangibilidade** – Não podemos apalpar ou tocar um serviço[1], pois não podemos vê-lo ou experimentá-lo, tampouco antecipar sua qualidade. Assim, para avaliá-lo, o cliente deve observar outras questões relacionadas a ele, como: a reputação da empresa que o presta; a experiência de outros clientes ao utilizá-lo; a imagem percebida; a sua comunicação visual; o nível de atendimento; os profissionais envolvidos em sua realização; a relação custo-benefício esperada.

---

1   O termo *serviço* enquadra-se na categoria dos substantivos abstratos, ou seja, que não possuem vida própria, que dependem de outros seres para concretizar-se. Por isso, há o caráter intangível dos serviços em relação aos produtos, os quais podemos tocar.

Um hospital ou uma clínica, por exemplo, conseguirão reduzir a incerteza da intangibilidade ao promoverem um espaço acolhedor e planejado, com instalações e equipamentos adequados e modernos, adotando uma comunicação eficiente e outros aspectos que possam materializar o serviço na percepção do consumidor.

- **Inseparabilidade** – O serviço é prestado mediante as presenças físicas do prestador e do cliente. O prestador, inclusive, faz-se presente da produção ao uso do serviço. Muitas vezes, não há como separar o desenvolvimento da entrega, pois ambos ocorrem simultaneamente, isto é, o serviço não pode ser separado do agente que o realiza, tampouco fracionado ou estocado.

Por exemplo, durante uma consulta, o trabalho de um médico envolve, ao mesmo tempo, a geração do serviço de atendimento e o consumo desse serviço (pelo paciente). Ele, como profissional, está limitado ao fator tempo para poder produzir mais e atender a mais pacientes. Por esse motivo, quanto mais procurado ou mais especializado for o profissional, mais ele poderá cobrar por seu serviço, uma vez que os clientes estarão dispostos a gastar mais dinheiro para obtê-lo.

Nesse sentido, há estratégias para superar a limitação de tempo. O prestador de serviços pode encontrar saídas para, por exemplo, ganhar tempo – por meio de pré-consultas ou de consultas mais curtas ou trabalhando com grupos etc., o que dependerá de cada situação. Para ilustrar esse exemplo, citamos Kotler (1995, p. 400): "Alguns psicoterapeutas transformaram suas sessões de terapia individuais em terapia de pequenos grupos e, mais tarde, em terapia de grupos com mais de 300 pessoas reunidas em um grande salão de hotel".

- **Perecibilidade** – Como vimos anteriormente, não é possível estocar um serviço pelo fato de que a sua distribuição ocorre ao mesmo tempo que a sua produção e o seu o uso. Além disso, a sazonalidade afeta diretamente na demanda de muitos serviços. Assim, alguns serviços poderão ser mais procurados em determinadas épocas do ano – poderão até mesmo apresentar fila de espera – porém, em outras, não haverá procura por eles.

  Quando a empresa percebe o desequilíbrio na procura por seus serviços, precisa tomar medidas para se adequar às novas demandas. Algumas ações que podem ser criadas são: oferecer descontos em determinados horários ou épocas do ano; elaborar pacotes e oferecer serviços adicionais nas épocas de baixa procura; desenvolver sistemas de reservas e algumas distrações para o cliente, enquanto ele espera nos momentos de pico (em horários de grande fluxo de carros, por exemplo, numa empresa de lavagem de automóveis).

- **Variabilidade** – Como a produção do serviço ocorre no ato em que ele é prestado, e como ele é realizado por uma pessoa, e não por uma máquina, pode haver variações e diferenças na sua realização. Por exemplo, um mesmo serviço pode ser executado por pessoas diferentes, em lugares diferentes. Essas variáveis afetam a prestação do serviço. Assim, buscar reduzir a variabilidade ou manter um padrão são diferenciais altamente procurados e necessários, especialmente em termos de serviços hospitalares.

  Na área da saúde, a busca pela qualidade e pela redução da variabilidade é um dos aspectos mais importantes no aperfeiçoamento da prestação de serviços. Para isso, organizações de saúde investem em contratação e em treinamento de funcionários e na padronização de procedimentos, métodos, equipamentos e materiais. Atrelada a esses aspectos está a importância conferida ao acompanhamento da satisfação do paciente. Por meio dessas medidas, os hospitais podem buscar tanto a eficiência nos resultados como a eficácia nos processos.

Assim como ocorre no marketing de produtos, os serviços também precisam de aperfeiçoamento, de melhoria e de diferenciação. A grande vantagem de um serviço em relação a um produto é a rapidez com que o serviço pode se adequar a novas exigências do mercado ou de um cliente em especial. Para gerar diferenciação, é possível oferecer um serviço extra ou, até mesmo, estender o horário de atendimento. Para um centro de exames, por exemplo, essa diferenciação pode ser a opção dada ao cliente de realizar os exames em um domingo ou a partir das seis horas da manhã nos outros dias.

A personalização de um serviço gera uma diferenciação perante os concorrentes e uma melhor experiência aos clientes, melhorando a percepção que eles têm da instituição de saúde e criando com eles uma relação de fidelidade. Como exemplo, mencionamos a Becton Dickinson, importante fornecedora de suprimentos médicos, que oferece aos clientes hospitalares inúmeras opções de produtos. Mesmo assim, ela oferta opções de personalização, como etiquetas sob medida, embalagens a granel ou individuais, controle de qualidade e *software* de faturamento, tudo sob medida e de acordo com as necessidades do cliente (Kotler, 2009).

Empresas de prestação de serviços também podem se destacar ofertando serviços mais rápidos e mais ágeis. Os consumidores estão cada vez mais dispostos a pagar mais por serviços que os façam ganhar tempo. Conforme um exemplo citado por Kotler

(2009, p. 196), o banco americano Wells Fargo, em suas agências, divulgava o *slogan* "Cinco dólares ou cinco minutos", oferecendo aos clientes cinco dólares se eles ficassem mais de cinco minutos esperando pelo atendimento.

Assim como ocorre com um produto, o serviço deve ser concebido, estruturado e planejado com os elementos que compõem a imagem da marca. Isto é, a organização prestadora precisa ter especial atenção quanto aos aspectos que contribuem para a construção da imagem do valor de seus serviços, bem como para a sua diferenciação no mercado e a consequente percepção de qualidade por parte do cliente. São exemplos desses aspectos: logomarca; *slogan*; comunicação visual; símbolos de identificação; *site*; equipamentos; estrutura de apoio, treinamento de pessoal, entre outros.

Apesar de realizar esforços de comunicação, muitas vezes uma organização não obtém êxito em fazer com que seus produtos ou serviços atendam a um público por completo ou tornem-se referências no mercado, ultrapassando as opções ofertadas pela concorrência. Por isso, é necessário que a organização selecione uma fatia de mercado a qual deseja atingir e determine uma prioridade de atuação, ou seja, defina um segmento de mercado, assunto de que trataremos a seguir.

3.3 Segmentação de mercado

Nenhuma empresa consegue atender às necessidades e aos desejos de todos os clientes ao mesmo tempo e com os mesmos produtos. Em outras palavras, não existem meios de uma organização ser boa em todos os aspectos.

Por isso, com o objetivo de aperfeiçoar a oferta de produtos e serviços ao consumidor, uma boa alternativa à empresa é estabelecer um foco, um segmento de mercado para atuar e uma linha de produtos e serviços para atendê-lo de forma especializada. Mesmo porque é quase impossível oferecer, com o mesmo sucesso, um produto ou um serviço destinado a todos os clientes, classes sociais e segmentos de mercado.

Estabelecer um segmento de mercado é determinar um ponto central de atuação. Trata-se de selecionar um grupo de consumidores com as mesmas preferências ou com aspectos em comum, em vista do qual a organização tem maior interesse de atuação.

O mercado consumidor pode apresentar diversas possibilidades. Contudo, a organização precisa decidir que segmentos deseja abordar. Os questionamentos que devem ser respondidos são: Onde haverá maior aderência ao negócio da empresa? Onde encontrar maior retorno dos investimentos? Onde obter maior vantagem competitiva em relação à concorrência?

Estabelecer o foco de atuação de forma adequada a fim de criar diferenciação e agregar valor à marca é fundamental para a elaboração da estratégia de segmentação.

O investimento em uma estratégia de segmentação pode demonstrar que é mais vantajoso à organização restringir sua atuação a determinada porção do mercado e especializar-se nela, tornando-se referência tanto em vendas quanto em tendência de produtos e serviços. Sem dúvida, essa postura é mais indicada do que tentar abranger todo o mercado e acabar pulverizando recursos e imagem, sem alcançar retorno de vendas.

Para o desenvolvimento de uma estratégia de segmentação de mercado, as empresas precisam direcionar a oferta de produtos e serviços a clientes selecionados a fim de que estes se constituam em grupos de consumidores com características comuns em um mercado-alvo. Por isso um segmento do mercado deve ser identificado, compreendido e definido, com capacidade medida e analisada.

A segmentação (ou o foco do negócio) pode ser dividida em duas linhas de atuação: os produtos e os serviços voltados aos consumidores, ou seja, os clientes finais (*Business-to-Consumer* – B2C); e os voltados às próprias empresas (*Business-to-Business* – B2B).

Em um hospital, a segmentação B2B pode ser exemplificada pelo fornecimento de materiais como medicamentos, utensílios, água e gás. Nesse caso, a organização também busca a diferenciação de seus produtos e de seus serviços, normalmente com foco em atributos como qualidade ou preço.

A seguir, indicamos alguns exemplos de segmentação voltados ao consumidor final (B2C). Essa estratégia de segmentação pode ser definida com base em aspectos relativos ao mercado, ao público-alvo e aos produtos oferecidos. Os tipos mais comuns, com base em autores como Kotler (2009), Kotler e Keller (2006) e Santini e Ludovico (2013), são:

- **Segmentação por características geográficas** – Trata-se da escolha do público-alvo por sua localização. Por exemplo, quando a empresa opta por atender às pessoas de determinada cidade ou de determinado bairro, assim como ocorre com as Unidades de Saúde (US), que regionalizam o atendimento ao público.
- **Segmentação por variáveis demográficas** – É a seleção do público-alvo por aspectos como idade e sexo. Por exemplo, uma clínica que é especializada no atendimento de mulheres com mais de 50 anos.

- **Segmentação por variáveis socioeconômicas** – Pressupõe a definição do público-alvo por classe social ou por poder aquisitivo. Essa classificação ocorre basicamente por meio da limitação de preço nos produtos e nos serviços oferecidos. Como exemplo, citamos uma clínica de cirurgia plástica voltada a pessoas com alto poder aquisitivo.

- **Segmentação por estágio de vida** – Define o foco nos produtos e nos serviços para públicos selecionados conforme o seu momento de vida, como casais com filhos pequenos, mulheres grávidas e adolescentes.

- **Segmentação por religião ou crença** – Trata-se da seleção por grupos que seguem determinados princípios religiosos, como as Testemunhas de Jeová, que não aceitam a transfusão de sangue em procedimentos médicos, ou os adventistas, que interrompem seus trabalhos a partir do pôr do sol da sexta-feira, até o pôr do sol do sábado.

- **Segmentação por ramo de atividade** – É a diferenciação por foco no negócio, no desenvolvimento de uma especialidade ou no ramo de atuação. Por exemplo, uma clínica especializada em obesidade, na qual atuam médicos e profissionais da saúde qualificados para tal, como nutrólogos, endocrinologistas, nutricionistas, fisioterapeutas e psicólogos.

- **Segmentação por benefício do produto** – Define escolha do mercado em que a empresa deseja atuar em virtude do benefício proporcionado pelo produto ou pelo serviço oferecido ou do resultado obtido pelo consumidor. Nesse caso, normalmente se utilizam anúncios, como "o melhor para determinado fim".

- **Segmentação por concorrentes** – É a definição da postura da empresa conforme a concorrência. Isso ocorre normalmente quando há um líder ou um produto de referência no mercado e a empresa deseja segui-lo ou penetrar em seu território. Em casos como esse, a diferenciação para atrair o consumidor podem ser menor preço, serviços agregados ou melhor conveniência.

Diante do exposto, podemos observar que a segmentação de mercado requer decisão estratégica para selecionar um grupo de clientes com necessidades e desejos parecidos. Essa divisão do mercado ou do público-alvo em segmentos visa aperfeiçoar os produtos e a comunicação.

A depender das capacidades financeira, produtiva, estrutural e de distribuição, as empresas podem atuar em apenas um segmento selecionado ou atender a vários ao mesmo tempo. O mais importante, em uma estratégia de segmentação, é selecionar o público-alvo mais adequado ao produto ou ao serviço oferecido, obtendo, assim, um melhor resultado, tanto para o consumidor quanto para a organização.

3.4 Posicionamento de marketing

O posicionamento de marketing refere-se à estratégia de construção de uma marca, um produto ou um serviço na mente do consumidor. Trata-se da maneira como a empresa quer ser vista ou lembrada por clientes, concorrentes e fornecedores.

O posicionamento pressupõe criar um foco de atuação e desenvolvimento de produtos e serviços para, dessa maneira, apresentar um diferencial competitivo no mercado. Ou seja, quando os consumidores pensarem no produto, lembrarão de algum atributo especial sobre ele. Isso é criar um diferencial, e essa é a base de uma estratégia de posicionamento.

Por exemplo, no setor automotivo, algumas empresas se destacam pelos conceitos a elas atribuídos pelo senso comum. Quando pensamos na Volvo, automaticamente vem à mente a ideia de segurança. O mesmo vale para outras multinacionais, como a Mercedes-Benz (qualidade de engenharia), a BMW (esportividade) e a Toyota (durabilidade). Esses são alguns exemplos que demonstram como um bom posicionamento pode criar uma boa imagem no mercado.

Ressaltamos que nenhuma empresa consegue ser boa em tudo e que a definição do foco de atuação é uma boa estratégia de diferenciação. Entretanto, não podemos confundir segmentação com posicionamento. Enquanto segmentação é o estabelecimento do foco da empresa em um nicho do mercado, o posicionamento diz respeito à elaboração de uma imagem do produto na mente do consumidor. Ou seja, refere-se à criação de um diferencial pela especialização da atividade da empresa. Embora ligados, ambos os conceitos são distintos.

Por exemplo, para que uma organização de saúde se posicione de forma competitiva, é preciso que ela perceba a sua posição no mercado, isto é, identifique se dispõe de uma situação favorável no seu segmento. Para isso, ela também necessita estabelecer uma posição lucrativa e sustentável contra as forças que determinam a concorrência (Tajra; Santos, 2003).

Uma **estratégia de posicionamento** visa facilitar a identificação do produto e dos seus benefícios. Isso enseja a lembrança do consumidor e a sua consequente decisão de compra. Nesse sentido, Kotler e Armstrong (2000, p. 174) explicam:

> *Os consumidores vivem sobrecarregados de informações sobre produtos e serviços. Não conseguem reavaliar os produtos toda vez que têm de tomar uma decisão de compra, e para simplificar este processo classificam-nos por categorias, isto é, "posicionam" na cabeça os produtos, os serviços e as empresas [...]. Os consumidores posicionam produtos com ou sem a ajuda dos profissionais de marketing, mas nem por isso estes últimos devem deixar as posições ao sabor da sorte. Devem planejar as posições que darão a maior vantagem possível aos seus produtos nos mercados-alvo selecionados, e programar compostos de marketing para criar essas posições planejadas.*

O posicionamento de marketing é utilizado como uma ferramenta de diferenciação para a aquisição de vantagem competitiva e o ganho mercado por meio da construção de uma imagem de marca. Seja pelo pioneirismo, seja pela liderança absoluta, seja pela construção de um posicionamento de valor, os produtos que conseguem posicionar-se e consolidar-se em seus mercados acabam se tornando referência naquilo que oferecem.

A seguir, apresentamos alguns produtos que, pela referência no mercado, são tão conhecidos que muitas pessoas não se lembram que, na realidade, referem-se às suas marcas, e não aos produtos em si:

- lâminas de barbear – Gillette;
- fotocópias – Xerox;
- esponja de aço – Bombril;
- amido de milho – Maizena;
- alvejante – Qboa;
- moto aquática – Jet Ski.

Há ainda outros exemplos. Essa relação de substituir a função ou o material que caracterizam os produtos pelas marcas que lhe dão nome se deve aos posicionamentos vencedores de empresas que, com o passar dos anos, tornaram-se referência no que fazem.

Muitas organizações, quando buscam crescimento de mercado, identificam um segmento ou uma fatia de mercado já estabelecidos e procuram atrair os consumidores já atendidos por outras empresas. Contudo, existe outra possibilidade estratégica: a criação de um novo segmento de mercado, ou seja, de uma nova categoria.

Assim como os consumidores, ainda que inconscientemente, classificam as empresas e os produtos de acordo com o segmento de mercado no qual atuam, o desenvolvimento de um novo segmento incutirá uma nova classificação na mente dos consumidores.

No entanto, como superar o referencial criado pelas marcas de grande abrangência? Como desenvolver um refrigerante para competir em igualdade com a Coca-Cola? Para isso, seria preciso criar um novo mercado para um novo tipo de produto ou com uma nova necessidade de consumo. Por exemplo, o Guaraná Antarctica, um produto com a mesma finalidade da Coca-Cola, mas de gosto diferente – ou, até mesmo, a Pepsi Twist (refrigerante com limão) ou a água gaseificada H2OH! (com diferentes sabores).

Esse tipo de estratégia, inclusive, é muito utilizado no setor automobilístico, que, com frequência, desenvolve novos segmentos de produto. Assim, em vez de competirem em segmentos já consolidados por uma marca, as indústrias criam novas categorias de produto e, com efeito, novos mercados.

A construção de um posicionamento representa, portanto, a construção de uma identidade para a marca, de uma imagem na mente do consumidor, com a qual empresa e o produto são beneficiados, agregando valor a eles e, até mesmo, possibilitando o aumento de preços e da lucratividade.

Por outro lado, o consumidor também é beneficiado pela transmissão de valor e pelo *status* agregados ao produto, pois sente mais realização e bem-estar no momento em que o adquire.

3.4.1 Posicionamento de marketing de produtos e serviços

Para terem destaque no mercado, os produtos e os serviços precisam apresentar um diferencial. Os tipos mais comuns de estratégia de posicionamento para produtos e serviços são:

- **Posicionamento por atributo** – Refere-se a aspectos como tamanho, peso e potência.
- **Posicionamento por benefício** – Envolve o resultado que os produtos e os serviços oferecem ou a eficiência que apresentam.
- **Posicionamento por utilização** – É definido conforme a necessidade do consumidor.
- **Posicionamento por usuário** – É destinado para públicos específicos ou para determinados tipos de consumidor.
- **Posicionamento por concorrentes** – Relaciona-se aos produtos ou aos serviços dos concorrentes, inclusive em relação ao líder do mercado.
- **Posicionamento por categoria de produtos** – Diz respeito às categorias em que os produtos ou os serviços se enquadram.
- **Posicionamento por qualidade** – Refere-se à qualidade do produto ou dos serviços e à confiabilidade neles implicada.
- **Posicionamento por preço** – Relaciona-se ao valor de mercado dos produtos e dos serviços com atenção ao custo-benefício que apresentam.

Assim, o posicionamento pode ocorrer por um conjunto de benefícios trazidos pelo produto ou pelo serviço ou, como propõe

Kotler (2009), por um benefício único, como: oferecer a melhor qualidade ou o melhor desempenho; ser o mais confiável, o mais durável, o mais seguro ou o mais rápido; ter o melhor custo-benefício ou maior prestígio.

Kotler (2009) ainda completa esse conceito, explicando que o desafio é criar uma relevante e distintiva diferenciação do produto. Para ele, a diferenciação pode se basear em cinco aspectos:

- *Aspectos físicos (por ex., características, desempenho, durabilidade, design, estilo, embalagem).*
- *Disponibilidade (por ex., disponível em lojas ou por encomendas por telefone, correio, fax, internet).*
- *Serviço (por ex., entrega, instalação, treinamento, consultoria, manutenção, reparo).*
- *Preço (por ex., muito alto, alto, médio, baixo, muito baixo).*
- *Imagem (por ex., símbolos, atmosfera, evento, mídia).* (Kotler, 2009, p. 131)

A estratégia de posicionamento de um produto ou de um serviço baseia-se, portanto, na definição de um atributo que os diferencie dos demais. Seja por algum aspecto físico, seja pela conveniência de aquisição, seja pelo preço, seja pela imagem, é preciso que a oferta tenha um diferencial competitivo.

3.4.2 Posicionamento de marketing no varejo

Por sua vez, no setor de varejo, há estratégias diferentes de posicionamento de marketing, visto que um varejista não produz nem fabrica nenhum produto – apenas o comercializa. As estratégias de posicionamento no varejo não envolvem o produto em si (já que este possui sua própria estratégia), mas a imagem do lojista. Por isso, refere-se à maneira como a loja quer ser vista pelo cliente e pode ser classificado com base nos seguintes critérios:

- **Posicionamento por preço** – O lojista é conhecido como o mais barato, aquele que revende os produtos com os melhores preços.
- **Posicionamento por conveniência** – A loja é lembrada por ter a melhor localização, as melhores formas de pagamento, a compra mais prática e mais fácil, o menor prazo de entrega etc.
- **Posicionamento por público-alvo** – O varejista se diferencia por se concentrar em um público-alvo especial, selecionado, tanto de alto quanto de baixo padrão.
- **Posicionamento por linha de produtos** – Os produtos são tidos como os melhores, e a loja trabalha apenas com marcas e linhas selecionadas de produtos.
- **Posicionamento por atendimento** – O lojista é reconhecido pela qualidade e pela personalização no atendimento, bem como pelas ações de pós-venda e de suporte, entre outras.

Resumidamente, são três os objetivos de uma estratégia de posicionamento de marketing: criar uma imagem da empresa na mente do consumidor, desenvolver um diferencial competitivo e estabelecer um foco, selecionando o segmento de mercado.

3.5 Marketing de relacionamento e de fidelização

Devido à padronização na produção e à busca pela qualidade de todas as empresas presentes no mercado, a diferenciação de produtos tem se revelado cada vez menor. Qualidade e preço, antes os principais atributos de destaque de uma marca ou de um produto, já não chamam mais tanto a atenção dos consumidores se não acompanharem outros requisitos.

Assim, a diferenciação tem se mostrado muito mais efetiva quando é focada não em atributos físicos, mas no **relacionamento com o cliente**, ou seja, no atendimento, na qualidade do contato com o consumidor. A maior parte das escolhas dos consumidores se baseia no tratamento que lhes é dado.

Um bom ou mau atendimento pode ser mais importante para o fechamento de uma venda do que o próprio produto, uma vez que as opções de compra e de consumo são diversas. Por isso, destacamos a prioridade de se desenvolver ações de relacionamento.

O marketing de relacionamento, popular programa de fidelização de clientes, também conhecido pela sigla CRM (do inglês *Customer Relationship Management*), é a estratégia de conhecimento, de ação e de relacionamento com os clientes de uma organização. O ponto central das ações de marketing reside no cliente e na relação dele com os produtos, serviços e marcas que ele consome.

Dessa maneira, o CRM consiste no uso da tecnologia da informação para o conhecimento do consumidor e o projeto de ações de marketing adequadas, a fim de estabelecer um relacionamento efetivo e duradouro com o cliente. Esse casamento do marketing com a informação também auxilia no processo de desenvolvimento do negócio, produto ou serviço oferecido.

Para Luiz Cláudio Zenone (2005, p. 378), o CRM pode ser resumido como:

> *Portanto, CRM, ou Gerenciamento do Relacionamento, é um conjunto de estratégias, processos, mudanças organizacionais e técnicas pelas quais a empresa deseja administrar melhor seu próprio empreendimento a partir do comportamento do cliente. Com a utilização do CRM, as empresas do segmento hospitalar poderão atender melhor às necessidades do*

paciente/cliente, por meio da oferta de serviços e, consequentemente, se tornar menos sensíveis às ações dos concorrentes.

Desenvolver uma estratégia de marketing de relacionamento baseia-se no princípio de que é sempre mais barato incentivar o retorno de um cliente atual do que investir na atração de novos clientes. O programa de relacionamento deve ter como princípio o bom atendimento e o bom relacionamento com o consumidor. Essa prática contribui para a formação de um vínculo com ele, e assim torna-se mais fácil ele declarar-se fiel à marca, aos seus produtos e aos seus serviços.

Destacamos, com base em nosso conhecimento do mercado, que o investimento em marketing para fazer com que um cliente retorne e realize uma nova compra é cerca de um terço do valor investido para conquistá-lo da primeira vez. Assim, o valor investido no marketing de relacionamento será sempre menor do que o custo de atrair um novo cliente, uma vez que, naquele caso, a empresa e o consumidor já se conhecem.

A base para estabelecer um programa de relacionamento adequado reside na coleta de dados e de informações sobre os clientes para a criação de um banco de dados completo e preciso sobre eles. Lembramos que quanto mais informação houver sobre os clientes (perfil, hábitos, estilo, fase de vida, preferências de compra etc.), mais fácil será relacionar-se com eles. E essa não é uma tarefa simples. É preciso que a empresa seja honesta, ofereça benefícios a eles e esteja presente em suas vidas, mas sem ser inconveniente.

A promessa básica para qualquer programa de relacionamento funcionar é entregar um benefício extra. Se o cliente não achar vantajoso manter-se fiel a determinada marca ou a determinado produto ou serviço, ele não o fará. E "benefício" não envolve apenas preço ou desconto, mas atendimento, conveniência, exclusividade de produtos e personalização de ofertas. Envolve, sobretudo, o conhecimento das reais necessidades do cliente e um atendimento sob medida. Assim, cabe a nós ressaltar: o cliente só será fiel à empresa se isso for vantajoso para ele.

Dessa maneira, o objetivo de um programa de relacionamento não é vender mais para o maior número possível de consumidores ou atrair novos clientes, mas vender mais para os clientes atuais.

A estratégia de comunicação de um programa de relacionamento baseia-se nas ações normais de marketing, as quais retomam os métodos dos 4Ps e dos 4Cs abordados anteriormente. Contudo, ela inclui uma nova premissa, um novo foco para o desenvolvimento das ações: o relacionamento com o consumidor.

A construção desse planejamento pode envolver todas as ferramentas de comunicação citadas no Capítulo 1, mas, dessa vez, devem ser voltadas para o relacionamento com o cliente. Assim, podemos resumir a estratégia de comunicação como a soma da utilização dos métodos dos 4Ps e dos 4Cs com o relacionamento com o cliente:

> estratégia = (4Ps + 4Cs) + relacionamento

Para esclarecer essa ideia, apontamos a seguir os passos essenciais para a elaboração de um programa de relacionamento:

- **Coleta de informações** – Criação de ferramentas para a coleta de informações dos clientes, por meio de preenchimento de cadastros no momento da compra ou em promoções ou do telemarketing, entre outros métodos. Todas as ações e todas as ferramentas que ajudem a obter conhecimento sobre os clientes são importantes.

- **Banco de dados** – Controle, manutenção e atualização do banco de dados com as informações dos clientes, as quais representam conteúdo extremamente valioso para a empresa. Existem *softwares* que auxiliam nesse processo.
- **Contato personalizado** – Elaboração de ações e ferramentas que individualizem o atendimento ao cliente, por exemplo: personalizar correspondências e produtos; chamar o cliente pelo nome; conhecer suas preferências ao lhe oferecer um novo produto ou serviço.
- **Benefícios** – Oferecimento de vantagens e de benefícios exclusivos. O cliente deve perceber que manter-se fiel à empresa lhe proporcionará vantagens exclusivas e benefícios que um cliente normal não terá, como formas de pagamento e de entrega diferenciadas, acesso a produtos e a promoções exclusivas, horários de atendimento alternativos, direito de concorrer a brindes, presentes e programas de pontuação.
- **Envolvimento de colaboradores** – Treinamento e envolvimento dos colaboradores no processo. De nada adianta ter posse de um excelente programa de ações se os colaboradores não concordarem com ele, isto é, se não desempenharem bem os seus papéis. Afinal, são eles que realizam o contato direto com os clientes. Por isso, o sucesso do programa dependerá da atitude dos colaboradores.
- **Manutenção** – Desenvolvimento de mecanismos para avaliar as ações implementadas e manter o programa após a sua criação. A empresa deve estabelecer ciclos para avaliar o que tem sido feito, corrigir ações e dar continuidade à estratégia adotada.

Segundo Iná Barreto e Edson Crescitelli (2013), no livro *Marketing de relacionamento: como implementar e avaliar resultados*, as ações realizadas pela empresa devem focar nos clientes de maior valor, os mais vantajosos. Conforme os autores, aproximadamente um terço dos clientes não são vantajosos nem lucrativos o bastante para que a empresa se relacione com eles. Geralmente, trata-se de clientes que não se tornarão fiéis ou não retornarão para novas compras. Podem ser consumidores de oportunidade ou de passagem ou estar à procura de promoções. Ainda, alguns não têm poder aquisitivo para retornar, ao passo que outros já são fiéis a outras marcas.

Assim, é importante que as informações do banco de dados sobre o perfil dos clientes sejam filtradas por grupos de maior interesse. À medida que as ações de relacionamento acontecerem, é interessante excluir da lista os dados dos clientes que não apresentarem retorno ou interesse, bem como reforçar as ações com os clientes de maior valor.

Nesse sentido, Barreto e Crescitelli (2013) também mencionam a **lei dos 80-20**, segundo a qual, em média, até 80% do volume de vendas é realizado por 20% dos clientes de uma empresa. Esse princípio nos mostra que vale muito a pena investir em relacionamento focado nos melhores clientes.

> Cada segmento de mercado, de negócio e de organização apresenta sua própria proporção de melhores clientes e seus respectivos volumes de compras. Contudo, o princípio é inegável, pois sempre haverá clientes mais lucrativos, os quais, por essa razão, deverão ser o principal alvo das ações de relacionamento.

Outro princípio apresentado é o **valor vitalício do cliente**, que orienta as organizações a calcular o valor potencial de aquisição dos produtos da empresa para cada cliente durante toda a sua vida. Para fazer esse cálculo, a empresa deve se fazer as seguintes perguntas: Quanto cada cliente pode consumir de meus produtos em toda a sua vida? E com base na minha margem de lucro, qual será o retorno que esse cliente me proporcionará? Independentemente do resultado do cálculo, a conclusão será uma só: vale a pena relacionar-se a longo prazo com o maior número possível de clientes, tanto para empresas quanto para consumidores.

Ao desenvolver as ações de marketing de relacionamento, a empresa deve elaborar uma estratégia com ações tão boas que os clientes nem pensarão em procurar por outros produtos. Como exemplo de ações dessa natureza, citamos: clube de descontos e de benefícios, como cartão fidelidade e sistemas de pontuação; entrega de prêmios e de brindes por compras; relacionamento pessoal por meio de correspondências, malas diretas e telemarketing; atendimento personalizado, com área *VIP* e vendedores específicos; descontos, preços especiais e formas de pagamento exclusivas; garantia, assistência e manutenção especiais; oferecimento de eventos, palestras, seminários e cursos.

O consumidor não procura apenas por atributos associados ao produto ou ao serviço, como qualidade e preço baixo. Principalmente, ele deseja um bom atendimento, que se reflita em atos de gentileza e de respeito, em uma postura aberta a críticas e a mudanças, e na não utilização de expressões negativas.

3.6 **Endomarketing**

De nada adianta a empresa elaborar estratégias e ações de marketing visando atrair e reter clientes, bem como promover produtos, serviços e marcas se, no contato com ela, o cliente não encontrar o atendimento que espera. Nesse aspecto, a estratégia das ações de endomarketing se demonstra fundamental, pois auxilia na melhoria do contato entre empresa e cliente, entre colaboradores e consumidores. Conforme abordado na seção anterior, o bom atendimento é fundamental no processo de decisão de compra e é uma das chaves do investimento em endomarketing.

Endomarketing é o conjunto de ações de marketing voltadas ao público interno da organização, ou seja, os colaboradores. São as ações motivacionais, a comunicação interna, o marketing institucional interno, os eventos, os treinamentos e tudo o que envolve o desenvolvimento e o aperfeiçoamento das pessoas que trabalham na empresa. Os funcionários são os responsáveis por promover a imagem da organização perante o consumidor. Eles realizam o contato direto com o cliente e, por isso, devem estar motivados e preparados.

Nesse sentido, cabe a contribuição de Kotler (2005, p. 701): "O marketing interno requer que todas as pessoas da organização aceitem os conceitos e objetivos de marketing e se envolvam na escolha, na prestação e na comunicação do valor para o cliente".

O objetivo do endomarketing é o **aumento da produtividade** no ambiente de trabalho. A lógica por trás desse conceito revela que uma pessoa mais feliz está, certamente, mais motivada a trabalhar, ou seja, um funcionário mais preparado é mais eficiente, e uma equipe mais unida trabalha melhor, diminui desperdícios e perdas, aprimora a produção e melhora o atendimento.

Assim, Kotler e Keller (2006, p. 314, grifos do original) afirmam:

> *os funcionários mais bem treinados apresentam seis características –* **competência**: *possuem a habilidade e o conhecimento necessários;* **gentileza**: *são simpáticos, atenciosos e prestativos;* **credibilidade**: *são*

dignos de crédito; **confiabilidade:** *realizam o trabalho com consciência e precisão;* **presteza:** *atendem rapidamente às solicitações dos clientes,* e **comunicação:** *esforçam-se para compreender o cliente e se comunicar com clareza.*

Dessa maneira, podemos pontuar alguns objetivos inerentes às ações de endomarketing:

- capacitar colaboradores e aumentar a produtividade;
- melhorar o atendimento ao cliente, bem como o clima organizacional e a comunicação interna;
- diminuir o absenteísmo, a rotatividade e os acidentes de trabalho;
- reduzir custos e evitar desperdícios;
- aumentar a produtividade.

Para atingir tais objetivos, algumas ações podem ser desenvolvidas, tais como:

- atividades de integração para a melhoria do clima organizacional, como festas e eventos;
- cursos e treinamentos para a capacitação e o aperfeiçoamento da equipe;
- programas de incentivo ao bom atendimento;
- benefícios e premiações por metas atingidas;
- desenvolvimento de um sistema de comunicação interna;
- abertura a sugestões e a críticas;
- maior aproximação das direções e das gerências com os colaboradores;
- implantação de espaços de convívio, como sala de descanso e refeitório;
- elaboração de um programa de progressão de cargos e salários;
- criação de um sistema de benefícios, como vale-alimentação e plano de saúde.

3.7 *Trade* marketing

O *trade* marketing refere-se ao conjunto de ações de marketing voltadas para o ponto de vendas, ou seja, o composto de loja, considerando sua estrutura física e o contato com o consumidor. Essa estratégia busca atrair o consumidor, incentivar o seu consumo e melhorar a sua experiência no ponto de vendas, efetivando a sua decisão de compra. Além disso, visa adaptar produtos, posicionamentos e estratégias para conquistar o consumidor no momento em que ele tem contato com os produtos.

A seguir, apresentamos os objetivos do *trade* marketing:

- **Aumentar o contato do consumidor com os produtos** – Visa incentivar a experimentação (o toque, as sensações, os cheiros etc.), estimulando, no consumidor, o impulso e o desejo pela compra.

  O antigo conceito de loja com um atendente atrás de um balcão separando os clientes dos produtos está ultrapassado. Atualmente, os clientes querem circular, experimentar. Quanto maior for o contato do consumidor com os produtos, mais compras haverá. Bons exemplos são as ações de *test drive*, os provadores em lojas de roupas e os estabelecimentos que permitem o uso dos produtos antes da compra. A experimentação é um dos maiores incentivadores da compra.

- **Aumentar o tempo de permanência do consumidor na loja** – Quanto maior for o tempo que o consumidor permanecer na loja, mais produtos ele verá, mais desejo terá e, consequentemente, mais comprará. Criar espaços temáticos, caminhos de circulação e dispor os produtos mais procurados no fundo da loja são apenas algumas das medidas adotadas com esse objetivo. Segundo Paco Underhill (1999), aproximadamente 60% das compras realizadas em um supermercado não foram planejadas pelo consumidor. Assim, um grande estímulo de compra ocorre no ponto de vendas, no momento em que o cliente está em contato com os produtos.

- **Concretizar a compra** – Seja na compra comparada, seja na compra por impulso, a loja deve criar mecanismos de efetivação da decisão de compra. Para produtos relacionados à compra comparada ou de maior valor (uma casa, um carro ou um plano de saúde), o consumidor deve receber informações detalhadas que o ajudem no processo de tomada de decisão, como a comparação com outros produtos similares e formas de pagamento do produto. Já os produtos relacionados à compra por impulso não são muito procurados e, normalmente, têm baixos valores, mas representam alta vendagem. Tais produtos estão quase sempre posicionados em locais estratégicos, como ao lado do caixa e nas entradas e saídas dos pontos de vendas, para estimular o impulso de compra.
- **Incentivar a volta do consumidor** – Uma boa estratégia não visa vender apenas uma vez, mas sempre. Antes de o processo de compra ser finalizado, a empresa deve preocupar-se com o retorno do consumidor e iniciar as ações de marketing de relacionamento, seja pela coleta de informação, seja pelo convite para participar de um programa de fidelização, seja por algum cupom ou benefício de compras.

Na estratégia de *trade* marketing, alguns princípios devem ser seguidos para a construção da imagem da loja ou do estabelecimento comercial, os quais se aplicam não somente a grandes redes varejistas mas também a todos os estabelecimentos que pretendem atender ao consumidor em um ambiente comercial, seja um laboratório, seja uma clínica, seja uma rede de lojas.

A imagem da organização deve refletir o público a que ela se destina e ser desenvolvida e pensada com foco na região em que ela está inserida, conforme a sua localização e o público que a frequenta. É assim que se desenvolvem a aproximação com os clientes. O *layout*, a disposição dos produtos e a decoração devem ser desenvolvidos com o objetivo de melhorar a experiência do consumidor. No caso de lojas de varejo, o ambiente também assume a função de aumentar o tempo de permanência do consumidor nelas, além de incentivar a experimentação e a interação do cliente com os produtos.

As principais ferramentas e ações que podem ser adotadas pelo *trade* marketing para a melhoria do composto de loja são:

- comunicação visual – presença de placas, cartazes, fachada, uniforme etc.;
- *layout* – disposição dos elementos que compõem a loja, caminhos acessíveis, posição do caixa etc.;
- ambientação – boa decoração e boa iluminação, cores ambientalizadas, sonorização etc.;
- disposição dos produtos – localização na loja e nas gôndolas;
- atendimento ao cliente – antes, durante e após a venda;
- conveniência – como facilitar a vida do cliente;
- estoque – controle, reposição e renovação.

Alguns desses fatores se confundem com os de outras estratégias de marketing, como o relacionamento e o endomarketing. De forma prática, os conceitos se inter-relacionam e se envolvem.

Alguns desses fatores podem ser facilmente percebidos em grandes redes varejistas, como: a disposição e a formulação dos preços; o som ambiente; a decoração; a iluminação; a presença de atendentes; os produtos nas vitrines; as promoções; os lançamentos; a composição e a comunicação da fachada.

Resumindo, o *trade* marketing compreende o conjunto de ações de marketing focadas no ponto de vendas.

Síntese

Ao longo deste capítulo, comentamos que dentro do planejamento de marketing há diversas estratégias que podem ser adotadas para desenvolver o plano de ações, de modo a agregar valor à marca, atrair e reter consumidores e aumentar as vendas.

O primeiro aspecto abordado foi o marketing institucional, no qual o principal objetivo é desenvolver a imagem da organização para, assim, agregar valor à marca, bem como aos produtos e aos serviços que ela oferta. Lembramos que a imagem se refere ao conjunto de valores e de percepções que o mercado formula a respeito de uma organização.

Depois, discutimos sobre o marketing voltado para os serviços e sobre as principais diferenças conceituais entre *produto* e *serviço*. Observamos que enquanto um produto é algo físico e palpável, um serviço é intangível e imaterial, não estocável e não padronizado. Portanto, a formulação das ações de comunicação e o contato com o cliente devem ser desenvolvidos de forma diferenciada, principalmente na área da saúde, na qual a prestação de serviços pode ocorrer no contato direto com o paciente ou o cliente e está intimamente ligada ao resultado final de proporcionar-lhe bem-estar.

Também versamos a respeito da segmentação de mercado e do fato de que nenhuma empresa consegue atender, simultaneamente, a todas as necessidades e a todos os desejos dos clientes. Por isso, as organizações estabelecem segmentos de mercado ou focos de atuação para delimitarem o seu público-alvo e para concentrarem-se no atendimento das expectativas dos clientes.

As definições de segmentação relacionam-se aos perfis do mercado, dos consumidores e dos produtos oferecidos, sendo que a sua correta delimitação influencia diretamente o sucesso de vendas da empresa e a sua penetração no mercado.

Ligado ao contexto de segmentação, há o conceito de estratégia de posicionamento de marketing, cujo objetivo é a construção da marca na mente do consumidor para, dessa maneira, desenvolver a forma como a organização quer ser vista e como ela quer que seus produtos sejam vistos pelo mercado. As ações de posicionamento também estabelecem um foco de atuação e auxiliam no desenvolvimento de produtos e de serviços focados nas necessidades e nos desejos dos consumidores, além de representarem um diferencial competitivo, ou seja, um atributo de destaque no mercado.

Analisamos o marketing de relacionamento, que tem como base o princípio de que sempre é mais barato incentivar o retorno de clientes já existentes do que investir na captação de novos. O relacionamento pressupõe que a organização tenha conhecimento e informação sobre os seus clientes, para desenvolver um vínculo com eles e oferecer-lhes vantagens e benefícios exclusivos. A máxima, nesse caso, é que um cliente só se torna fiel a uma marca caso isso seja vantajoso para ele.

Por sua vez, a estratégia de endomarketing diz respeito ao conjunto de ações de marketing voltadas para os colaboradores. Trata-se de ações motivacionais que abrangem a comunicação interna, a realização de eventos e de treinamentos, o estabelecimento de planos de carreira e de benefícios e tudo o que envolve o desenvolvimento e o aperfeiçoamento dos funcionários e, consequentemente, da própria organização. O objetivo do endomarketing é aumentar a produtividade e a capacidade da equipe, bem como melhorar o atendimento ao cliente e as relações no ambiente de trabalho.

Por fim, analisamos o *trade* marketing, conjunto de ações de marketing voltadas para o ponto de vendas com o intuito de torná-lo mais eficiente. Essa estratégia busca atrair o consumidor, incentivar o seu consumo, melhorar a sua experiência no ponto de vendas e, assim, efetivar a sua decisão de compra.

Questões para revisão

1. Por que as empresas adotam estratégias de segmentação?

2. O que é posicionamento de marketing?

3. Com relação ao endomarketing, assinale V para as afirmações verdadeiras e F para as falsas:
   ( ) É o conjunto de ações de marketing voltadas para o público interno.
   ( ) Trata-se do marketing destinado a fidelizar clientes e a gerar novas compras.
   ( ) Pode referir-se a ações motivacionais, que envolvem a comunicação interna e a realização de eventos e treinamentos.
   ( ) Tem como um de seus objetivos aumentar o tempo de permanência do consumidor na loja.
   ( ) Apresenta o foco nas pessoas e o seu objetivo é aumentar a produtividade da empresa.

   Agora, assinale a alternativa que apresenta a sequência obtida:
   a) V, V, V, F, F.
   b) V, F, F, V, F.
   c) V, F, V, F, V.
   d) F, F, V, V, F.

4. Com relação ao marketing de relacionamento e de fidelização, assinale V para as afirmações verdadeiras e F para as falsas:
   ( ) Tem como objetivo vender mais para o maior número possível de clientes, além de atrair novos consumidores.
   ( ) Um cliente só será fiel a uma empresa se isso for vantajoso para ele.
   ( ) É mais barato incentivar o retorno de um cliente do que atrair novos.
   ( ) Em um programa de relacionamento, todos os clientes são vantajosos.
   ( ) O primeiro passo de um programa de relacionamento é coletar informações a respeito dos clientes.

   Agora, assinale a alternativa que apresenta a sequência obtida:
   a) F, V, V, F, V.
   b) F, F, V, F, F.
   c) V, V, F, F, V.
   d) F, V, V, V, F.

5. Com relação ao *trade* marketing, preencha as lacunas com as letras correspondentes ao assunto indicado:

   (A) Definição   ( ) Layout, conveniência e estoque.
   (B) Ações   ( ) Aumentar o contato do consumidor
   (C) Objetivos   com o produto.
                ( ) Conjunto de ações de marketing voltadas para o ponto de vendas.
                ( ) Aumentar o tempo de permanência do consumidor na loja.
                ( ) Concretizar a compra.
                ( ) Ambientação, disposição de produtos e decoração.

Agora, assinale a alternativa que apresenta a sequência obtida:
a) A, A, C, B, B, C.
b) A, A, B, C, A, C.
c) B, C, A, C, C, B.
d) C, A, B, A, A, C.

Para refletir...

Selecionar segmentos de mercado, definir o posicionamento estratégico e investir em fidelização, em endomarketing, em *trade* marketing e em marketing institucional. Parece complicado, mas não é. Todos esses conceitos são princípios estratégicos que devem ser adotados pelas organizações no desenvolvimento de seus planos de negócio, de marketing e de crescimento.

Tais estratégias podem ser adotadas uma a uma, selecionadas conforme a necessidade ou todas ao mesmo tempo. Tudo dependerá da situação da empresa e da sua linha produtos, das suas deficiências, dos seus objetivos e do seu tamanho no mercado. O que a empresa dele perceber são os princípios presentes em cada estratégia e, na medida do possível, incorporá-los à sua filosofia de gestão, às ações organizacionais e ao planejamento estratégico do negócio, independentemente do seu tamanho.

Quais estratégias poderiam ajudar a empresa em que você trabalha? Por qual delas você acredita ser mais importante começar?

Perguntas & respostas

Como devem ser implementadas as estratégias de marketing apresentadas a uma empresa?

Muitas vezes, ao analisarmos conceitos e exemplos de estratégias como os abordados neste capítulo, a nossa primeira reação é querer colocar tudo em prática, fazer tudo de uma vez. Mas não é bem assim. A implementação de ações e estratégias precisa ser realizada com planejamento e cuidado, pois implica mudanças de rumos, de processos, de pessoas e, até mesmo, de produtos.

O caminho ideal é começar pelos aspectos estruturais, pelas estratégias que definem o negócio e pelos rumos a serem trilhados, como a segmentação de mercado e o posicionamento de marketing. Com isso implementado, é hora de aperfeiçoar os processos e os produtos, melhorar os serviços oferecidos e investir na equipe por meio de ações de endomarketing. A seguir, vem a necessidade de aperfeiçoar o composto de loja, o ambiente de vendas, com o *trade* marketing.

Por fim, com a "casa arrumada", é hora da parte visível da estratégia: o momento de investir em ações para a promoção da imagem e, com a consequente atração de novos clientes, também para os processos de retenção e de fidelização deles.

Para saber mais

BARRETO, I. F.; CRESCITELLI, E. **Marketing de relacionamento**: como implementar e avaliar resultados. São Paulo: Pearson Prentice Hall, 2013.

LEVITT, T. Marketing Myopia. **Harvard Business Review**, v. 38, n. 4, p. 45-56, Jul./Aug. 1960.

UNDERHILL, P. **Vamos às compras**: a ciência do consumo nos mercados globais. Rio de Janeiro: Campus, 2009.

Os livros de Barreto e Crescitelli e de Underhill e o artigo de Levitt apresentam com mais detalhes alguns dos assuntos abordados neste capítulo e são indicados para aqueles que desejam aprofundar seus conhecimentos na área do marketing.

Capítulo 4
Gestão hospitalar

Conteúdos do capítulo:

- Marketing na gestão hospitalar.
- Novo foco da gestão hospitalar.
- Construção de valor.
- Qualidade e satisfação.
- Legislação pertinente.
- Ética no marketing de instituições de saúde.

Após o estudo deste capítulo, você será capaz de:

1. relacionar a atividade de marketing com a gestão hospitalar;
2. identificar tendências da gestão hospitalar;
3. descrever o processo de entrega de valor e de qualidade;
4. compreender parte da legislação pertinente ao marketing na gestão hospitalar;
5. discutir a ética no marketing na gestão hospitalar.

Neste capítulo, abordaremos o papel do marketing como instrumento da gestão hospitalar no processo de planejamento e de gerência do negócio, que auxilia o gestor na obtenção dos objetivos institucionais. Veremos como o marketing pode atuar no aperfeiçoamento da prestação de serviços, nos processos de endomarketing e na consequente satisfação do cliente.

Com o uso do marketing, a gestão hospitalar assume uma nova postura, com foco centralizado no paciente, ou seja, no atendimento à pessoa – e não à doença –, gerando nos consumidores uma percepção de maior qualidade e de maior valor em relação aos serviços do hospital. A alteração do foco da prestação de serviços hospitalares acarreta mudanças na estrutura e nos procedimentos das organizações de saúde, bem como na relação entre os médicos e os pacientes.

Apresentaremos também o Código de Ética Profissional do Administrador Hospitalar e o Manual de Publicidade Médica do Conselho Federal de Medicina, dando destaque para os artigos mais importantes referentes ao desempenho das atividades de gestão hospitalar.

Por fim, analisaremos também a ética no marketing e nas relações dessa área com as instituições de saúde, além da relevância da discussão dos princípios éticos ligados à gestão hospitalar.

4.1 Aplicação do marketing na gestão hospitalar

A construção e a implementação do planejamento das ações de marketing são essenciais para o sucesso de toda organização, tanto de grande quanto de médio ou pequeno porte, com ou sem fins lucrativos, regional ou internacional, industrial, comercial ou de prestação de serviços. Como vimos nos capítulos anteriores, são atividades do marketing: adequar produtos e processos, conhecer o mercado, melhorar o atendimento, fortalecer a marca e, sobretudo, auxiliar a organização a proporcionar ao cliente valor e satisfação.

Resumindo, a função do marketing em qualquer tipo de organização é garantir o sucesso dela, o que se baseia em assegurar qualidade ao consumidor. Nesse sentido, cabe a definição de Regis McKenna (1992), para o qual o marketing é qualitativo, e não quantitativo, pois os consumidores tendem a tomar suas decisões com base em fatores qualitativos (como liderança, serviço, confiabilidade e reputação). Toda a empresa precisa pensar em termos de marketing no sentido de desenvolver e manter relações com os seus clientes e integrá-los aos seus projetos, do desenvolvimento dos produtos até a produção e o processo de vendas.

Para isso, é essencial investir em planejamento e em conhecimento de mercado, bem como desenvolver áreas estratégicas, como as de recursos humanos, financeiros e produtivos e, é claro, a área de marketing. É senso comum pensar que organizações da área da saúde não necessitam da atividade de marketing, o que se trata de um grande erro.

Seja pelo entendimento de que os hospitais se destinam a atender às necessidades básicas, seja pela não compreensão do papel do marketing em tais instituições, existe a crença de que não cabe à gestão hospitalar os pensamentos de mercado e de gestão de negócios. Entretanto, é preciso compreender que, como toda organização, os hospitais precisam evoluir, melhorar o seu atendimento e, claro, render lucros, para assim poderem manter suas atividades. Infelizmente, é na compreensão limitada do tema que residem as deficiências de gestão enfrentadas pela maioria das empresas de saúde.

Para Kotler (1994), o principal motivo para as organizações que não visam ao lucro interessarem-se pelo marketing e, consequentemente, pelo planejamento da comunicação, é tornarem-se mais eficazes na obtenção dos seus objetivos.

As ferramentas e estratégias de marketing apresentadas nesta obra são instrumentos à disposição dos gestores hospitalares no ato de planejarem e gerirem seus negócios. Nesse sentido, cabe a seguinte reflexão: "O administrador hospitalar tem a responsabilidade de conduzir o hospital para o futuro, dando-lhe as condições necessárias para superar seus problemas, para vencer os desafios e para adequar-se às novas exigências do mercado" (Mezomo, 2001, p. 198).

Mezomo (2001) ainda explica que a administração e o marketing hospitalar não são realizados para benefício da própria instituição, mas para o melhor atendimento dos que utilizam seus serviços, o que decorre da própria – e necessária – definição da missão do hospital na comunidade.

Assim, percebemos uma tendência cada vez maior de organizações de saúde investirem na atividade de marketing, promovendo ações, pessoas e setores a fim de planejar e de manter, de forma profissional, essa e outras áreas da administração. "O marketing não é mais um conceito restrito apenas às indústrias e ao varejo. O segmento hospitalar está adaptando os conceitos mercadológicos e os incorporando em suas práticas" (Zenone, 2005, p. 360)

Um bom exemplo de uma organização de saúde que há muito tempo percebeu a importância da atividade de marketing é o Hospital São Lucas, de Curitiba, que, além de investir em ações de comunicação e em equipe de marketing, realizou uma extensa pesquisa de mercado para definir o melhor local para construir sua nova unidade.

Dentro de uma proposta de oferecer valor aos clientes e de desenvolver uma estratégia mercadológica moderna, ou seja, planejar a inclusão da cultura do marketing na gestão hospitalar, a empresa de serviços de saúde, segundo Zenone (2005, p. 355), deve:

- *Oferecer serviços adicionais aos pacientes, antecipar necessidades e surpreender;*
- *Criar mecanismos de comunicação que permitam aumentar a confiabilidade em relação à empresa;*
- *Treinar os profissionais envolvidos no atendimento para que tenham maior sensibilidade em relação às reais necessidades do paciente;*
- *Facilitar o acesso do paciente ao estabelecimento a partir de uma boa localização;*
- *Possuir um ambiente físico agradável, com equipamentos adequados ao tratamento oferecido.*

A atividade de marketing na gestão hospitalar apresenta diversas fontes de aplicação; entretanto, pode assumir duas posturas fundamentais e inter-relacionadas: o aperfeiçoamento do produto ou do serviço por meio da melhoria da prestação de serviços para satisfazer o cliente e o investimento em endomarketing visando ao aprimoramento dos recursos humanos e das atividades internas.

Na primeira postura, o marketing auxilia na melhoria do ambiente físico, no desenvolvimento dos serviços e dos produtos agregados, no conhecimento das necessidades e dos desejos dos clientes, no aperfeiçoamento dos profissionais envolvidos e na melhoria dos processos. Por sua vez, o investimento nas funções do endomarketing está intimamente ligado à percepção que os clientes têm do valor e da qualidade dos serviços oferecidos, pois essas ações promovem a melhoria do ambiente e das relações de trabalho e o aperfeiçoamento dos profissionais envolvidos.

Investir no ambiente organizacional e no treinamento e na capacitação de pessoal é função básica e essencial no planejamento de marketing de uma gestão hospitalar. Afinal, é o colaborador que faz contato direto com o paciente ou o cliente, promove a imagem da empresa, gera satisfação ao consumidor e soluciona conflitos, e não os gestores ou os profissionais de marketing.

Assim, podemos sem dúvida dizer que todas as pessoas de uma organização são agentes de marketing. Nos ambientes de saúde, médicos, enfermeiros, técnicos, recepcionistas, auxiliares, cozinheiros, zeladores e responsáveis pela manutenção, enfim, todos eles, estão na ponta do processo: o contato direto com os pacientes e os usuários dos serviços do ambiente hospitalar.

Por isso, todos os profissionais precisam estar preparados para promover a imagem da empresa, resolver problemas e agregar valor aos serviços. Quando cada profissional se dedica a fazer sua parte com qualidade, automaticamente está promovendo a imagem da empresa na qual trabalha e contribuindo para o desempenho das funções de marketing. E isso não se refere apenas aos funcionários que estão na ponta, ou seja, aos profissionais de contato direto com o cliente, mas a todo o grupo: da direção ao pessoal da limpeza.

Nesse sentido, destacamos uma pesquisa realizada em 2003, na cidade de São Paulo, por Anselmo Carrera Maia e Antonio Carlos Gil (2005), envolvendo gestores hospitalares. Os autores chegaram a alguns resultados interessantes, quanto ao perfil dos administradores hospitalares. Dos gestores entrevistados (Maia; Gil, 2005, p. 26):

- 56,3% são médicos que passaram a dedicar-se a funções administrativas;
- 18,4% são administradores de empresas;
- 11,5% têm formação em administração hospitalar.

Os autores compararam a realidade brasileira com a dos Estados Unidos e perceberam que lá se vive uma situação diferente. De acordo com Maia e Gil (2005, p. 28), a situação dos gestores hospitalares norte-americanos é a seguinte:

- 55% têm curso de especialização em administração hospitalar;
- 72% são mestres;
- 83% têm formação em administração hospitalar.

Esses dados demonstram uma clara percepção da importância da formação específica dos gestores de instituições de saúde nos Estados Unidos, o que infelizmente não ocorre no Brasil.

Por isso, ressaltamos que o gestor hospitalar não deve apenas ser um bom técnico de saúde, mas, sobretudo, um administrador competente, preparado para gerir uma organização que promove serviços básicos e essenciais à sociedade. Assim, a gestão hospitalar deveria ser encarada com muito mais importância no estudo da administração e do marketing, pois ela promove conhecimento, permite a troca de experiências e contribui para o aperfeiçoamento dos processos hospitalares, tendo sempre como meta a busca pela satisfação do paciente.

Assim como o marketing assumiu uma nova postura nas últimas décadas (de atividade de venda, focada na produção, passou a ser uma atividade de conhecimento e de aproximação com o cliente, focada no oferecimento de produtos e de serviços adequados às necessidades dos consumidores), a gestão hospitalar também vem indicando uma mudança de foco e de postura, o que veremos a seguir.

4.2 Novo foco da gestão hospitalar

Atualmente, a gestão hospitalar implica uma série de novas atribuições e de novos desafios. A evolução e a competitividade do mercado, os avanços na medicina, na tecnologia e na comunicação, as crises econômicas e políticas e a evolução do poder aquisitivo da sociedade brasileira são apenas alguns exemplos de cenários que influenciam a gestão hospitalar. Hoje, gerir uma organização de serviços de saúde envolve cada vez mais conhecimento e preparação administrativa, trabalho de equipes multidisciplinares, busca de fontes alternativas de recursos, investimentos em treinamento e tecnologia etc.

Assim, a percepção sobre a situação atual da gestão hospitalar aponta para uma mudança que se configura não somente pela busca por um papel gerencial ou administrativo mais profissional mas também pela mudança de foco da gestão do negócio, pelo qual o objetivo passa a ser o paciente, isto é, o atendimento à pessoa, e não mais à doença ou ao procedimento. Essa é a grande evolução que observamos nas últimas décadas.

O atendimento aos clientes e a situação deles, portanto, têm maior importância na equação que envolve diversos outros aspectos, como procedimentos, recursos, profissionais e equipamentos. Assim além de técnica e qualificada, espera-se uma gestão mais humana e aberta.

Nesse sentido, destacamos a reflexão do artigo *Grupos médicos assistenciais do Hospital Israelita Albert Einstein* – de Sidney Klajner, Reynaldo André Brandt e Claudio Luiz Lottenberg, todos médicos de formação, e José Cláudio Cyrineu Terra, engenheiro e Diretor Executivo de Inovação e Gestão do Conhecimento da Sociedade Beneficente Israelita Albert Einstein – publicado na revista *Harvard Business Review Brasil*. Nele, os autores comentam a nova relação entre médico e paciente, bem como o surgimento de novos desafios à gestão hospitalar (Klajner et al., 2015):

> A relação médico-paciente tem sofrido importantes modificações: de uma postura paternalista exercida pelo médico, que julga, de forma isolada, aquilo que deve ou não fazer parte do tratamento, para uma situação na qual o poder de decisão é compartilhado com o paciente. Os pacientes hoje têm amplo acesso à informação facilitado pela internet, comunidades de pacientes, redes sociais, dispositivos móveis etc.
>
> A maior complexidade da medicina demanda, por sua vez, trabalho em equipe, com interação entre especialista, equipe multiprofissional, áreas ou serviços. Parece algo óbvio, mas não é. São necessários novos patamares de cooperação [...].

Com relação à postura da organização de saúde, cabe a contribuição de Federighi (2005, p. 95), que aponta que "a missão de um hospital deve ser estreitamente ligada às respostas que a instituição dá às necessidades de saúde expressas pela população". Assim, o gestor hospitalar deve conhecer o seu público e procurar nas necessidades dele a construção da demanda a que deverá suprir.

Da mesma maneira que ocorre em outras áreas, a competitividade se faz presente também no segmento hospitalar. E quanto maiores forem a competitividade e a concorrência, maior será a necessidade de utilizar-se ferramentas mercadológicas para poder manter-se e prosperar no segmento hospitalar (Federighi, 2005).

Entretanto, por mais que a gestão e a prestação de serviços de saúde possam ser profissionalizadas e incorporem técnicas administrativas e gerenciais, elas não se resumem a uma relação comercial que objetiva o lucro mediante a venda de um produto ou serviço. Pelo contrário, elas têm por objetivo satisfazer às necessidades pessoais dos pacientes. A estratégia administrativa no serviço de saúde tem, portanto, o papel de viabilizar a prestação dos serviços, e não lucrar com eles. Afinal, conforme Mezomo (2001, p. 47), "o cliente é mais importante do que o lucro!".

4.2.1 Foco no atendimento ao cliente e na sua satisfação

O atual profissional de saúde precisa perceber que o atendimento ao cliente ou ao paciente é a razão de ele desempenhar sua função. Por isso, todo o atendimento e todo o cuidado oferecidos serão refletidos na percepção que o cliente terá da prestação dos serviços e da imagem da organização.

O bom atendimento ao paciente não deve ter por objetivo somente capturar sua lealdade (ou seja, tratá-lo bem para tê-lo de volta sempre que ele precisar). Em vez disso, a postura que se espera dos profissionais envolvidos é a de atender com qualidade a pessoa que busca um serviço de saúde como um valor intrínseco e como parte da sua formação profissional.

Essas preocupações com a percepção do paciente e o desempenho do serviço hospitalar são tão grandes que já foram até mesmo objetos de pesquisa para identificar os motivos do não retorno de pacientes ou da não continuidade do tratamento em determinada instituição. A informação colhida com essa finalidade é importante para entender que a avaliação do paciente se baseia não apenas na capacidade técnico-profissional de uma organização mas também no atendimento que ela oferece.

Segundo Mezomo (2001), em um simpósio nacional de marketing em serviços de saúde, nos Estados Unidos, o vice-presidente de planejamento e marketing do Community Hospital South, localizado na cidade de Oklahoma, apresentou uma pesquisa relativa à decisão pela não internação dos pacientes no hospital, cujos resultados apontaram que as causas foram as seguintes:

- 1% por morte;
- 3% por mudança de endereço;
- 5% por procurarem outra alternativa;
- 9% por irem a outra instituição hospitalar;
- 14% por ficarem insatisfeitos com o serviço;
- 68% por terem se sentido mal atendidos.

Esses dados revelam que, apesar de a área de saúde ser considerada como de necessidade básica, a decisão pela compra por parte dos consumidores envolve mais a percepção de qualidade do atendimento do que necessariamente a capacidade técnica do hospital. Com relação a esse assunto, Tajra e Santos (2003, p. 34) apontam a mudança de visão da gestão hospitalar e a falta de preparo dos profissionais envolvidos.

> *Já ouvimos médicos falar que antes de assumirem cargos administrativos nunca tinham pensado na relação do paciente como cliente e nunca tinham percebido que fazer o paciente esperar era algo relacionado à má qualidade do seu próprio atendimento. Numa análise dessa situação, percebemos claramente a falta de preparo administrativo com que nos deparamos na área da saúde.*

Na saúde, o foco no cliente implica uma mudança radical de posicionamento. O paciente visto como cliente é agente ativo do processo e, consequentemente, passa a exigir mais qualidade no serviço prestado. Com essa nova visão, o paciente passou de objeto a sujeito dos serviços de saúde, assumindo um importante papel nos processos de decisão e de melhoria do serviço que lhe é oferecido. Assim, os estabelecimentos de saúde devem aprender a lidar com esse novo paradigma, revendo sua postura, investindo em treinamento e melhorando os processos. Como se trata de uma área de prestação de serviços, o atendimento passa a ser um dos elementos essenciais para a sobrevivência do negócio (Tajra; Santos, 2003).

Para Mezomo (2001), o enfoque centrado no paciente serve também para dar um fim à soberba de alguns médicos que, muitas vezes, acreditam que os serviços prestados por eles são de grande qualidade. Para o autor, a qualidade dos produtos e dos serviços só pode ser julgada pelo cliente, e não pelo fornecedor, por isso é preciso garantir a satisfação do paciente e, assim, gerar nele a preferência pela instituição e sua fidelidade a ela. A satisfação do paciente é determinada pela maneira como o hospital se relaciona com ele, relação esta que deve ser de parceria, de respeito e de confiança recíproca (Mezomo, 2001).

O foco no cliente, portanto, é um conceito estratégico voltado para a retenção e a conquista de novas fatias de mercado, e o resultado da gestão hospitalar deve ser a satisfação dos pacientes (Mezomo, 2001).

Para exemplificar essa nova postura, apresentamos, na Figura 4.1, um apanhado histórico relativo à evolução do segmento hospitalar no Brasil:

Figura 4.1 – Evolução do segmento hospitalar no Brasil

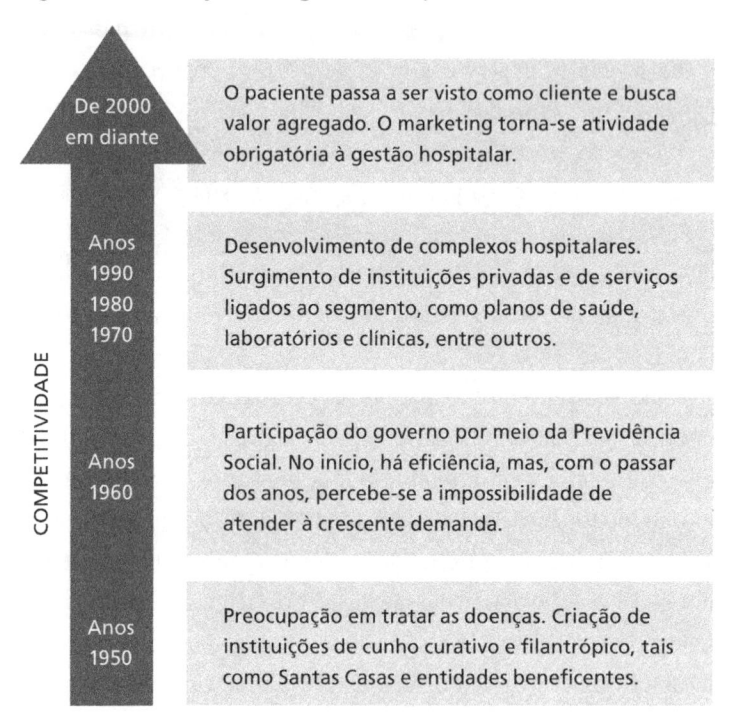

COMPETITIVIDADE ↑

De 2000 em diante: O paciente passa a ser visto como cliente e busca valor agregado. O marketing torna-se atividade obrigatória à gestão hospitalar.

Anos 1990 1980 1970: Desenvolvimento de complexos hospitalares. Surgimento de instituições privadas e de serviços ligados ao segmento, como planos de saúde, laboratórios e clínicas, entre outros.

Anos 1960: Participação do governo por meio da Previdência Social. No início, há eficiência, mas, com o passar dos anos, percebe-se a impossibilidade de atender à crescente demanda.

Anos 1950: Preocupação em tratar as doenças. Criação de instituições de cunho curativo e filantrópico, tais como Santas Casas e entidades beneficentes.

Fonte: Adaptado de Zenone, 2005.

A evolução do segmento hospitalar no Brasil através das décadas demonstra que a gestão evoluiu do foco na doença para o foco no paciente. Essa mudança de postura, por mais simples que possa parecer, reflete-se em uma completa alteração de postura, de mudança de cultura e, consequentemente, de enfoque do negócio. Nesse sentido, o paciente se tornou o centro da administração da qualidade em serviços de saúde (Zenone, 2005).

Nas palavras de Mezomo (2001, p. 64), a atual gestão da saúde focada na qualidade "não se preocupa tanto com o mercado, nem com os produtos e serviços e com seus processos, mas com a efetiva satisfação dos clientes. [...] [a essa gestão] interessa atender com prioridade aquele que é sua razão de ser, ou seja, o paciente, tratando-se de um serviço de saúde".

Cabe a nós citar também a definição de Kotler e Keller relativa à satisfação do cliente, uma vez que a gestão hospitalar contemporânea deve buscá-la:

> De modo geral, satisfação é a sensação de prazer ou desapontamento resultante da comparação entre o desempenho (ou resultado) percebido de um produto e as expectativas do comprador. Se o desempenho não alcançar as expectativas, o cliente ficará insatisfeito. Se alcançá-las, ele ficará satisfeito. Se o desempenho for além das expectativas, o cliente ficará altamente satisfeito ou encantado. (Kotler; Keller, 2006, p. 142)

Uma boa sugestão para aperfeiçoar o atendimento ao paciente e gerar a sua satisfação, já adotada em diversas organizações – não apenas na área da saúde – é a criação de um protocolo de atendimento. A elaboração desse protocolo visa à padronização do contato do paciente com a organização e ao estabelecimento de um manual de práticas e de respostas, preparando a equipe para resolver conflitos e problemas.

A implementação desse procedimento tem o objetivo de melhorar a percepção de qualidade no atendimento, e não de rotular os pacientes. Não se trata, enfim, de uma questão de padronização rígida, mas do estabelecimento de procedimentos mínimos para gerar a satisfação do cliente. Esse modelo deve ser único para cada organização, além de ser elaborado pela própria equipe hospitalar, conforme o perfil dos seus pacientes e das necessidades de atendimento.

Com base nesse protocolo, torna-se possível definir quais ações tomar conforme surjam novas necessidades. É possível, por exemplo, definir respostas aos seguintes questionamentos:

Qual deve ser o padrão de atendimento para satisfazer às necessidades dos clientes?; Como agir em casos de urgências?; O que fazer ou o que responder ao cliente caso ele esteja insatisfeito?; entre outras.

Esses e outros procedimentos que visam à melhoria do atendimento e à satisfação do paciente têm por objetivo contribuir para a construção de uma imagem de valor e de qualidade associada à prestação do serviço de saúde. Nesse sentido, a seguir, veremos com mais profundidade as definições de valor e de qualidade ligadas à gestão hospitalar.

4.2.2 Foco na qualidade e no valor

Quando falamos em estabelecer um foco para a prestação de serviços hospitalares, significa que é imprescindível ao hospital entregar um serviço de valor que proporcione ao paciente a percepção de qualidade. Para gerar satisfação no suprimento de uma necessidade básica e muitas vezes na prestação de um serviço não desejado, como o tratamento de uma patologia, o atendimento ao paciente deve priorizar o seu estado de bem-estar, o cumprimento das suas expectativas e a sua percepção de qualidade.

Assim, devemos compreender o que é qualidade. Esse conceito aborda a totalidade dos atributos e das características de um serviço que afetam sua capacidade de satisfazer o consumidor. A empresa fornece qualidade sempre que seu produto ou seu serviço atende "ou excede" às expectativas do cliente (Kotler, 2005).

Quando falamos em qualidade na prestação de serviços, estamos nos referindo à satisfação dos clientes. Ao atingir a meta de bem atender os consumidores, quem oferece o atendimento ganha valor. Mas como oferecer um serviço de qualidade e obter a satisfação do cliente sem conhecer as necessidades dele?

E quanto à qualidade nos serviços de saúde?

Por qualidade entende-se, aqui, o grau de adequação dos serviços prestados (testes, diagnósticos e tratamento baseados no conhecimento atualizado com relação à eficácia e ao custo-efetividade) às reais necessidades do paciente (serviços efetivos, acessíveis e a custo compatível). [...] A medida da qualidade supõe, por um lado, um sistema composto ou integrado por processos (definição da amostra, coleta de dados, análise e distribuição de relatório aos usuários, acompanhada de informações) que possibilitem um entendimento comum da medida da qualidade.
(Mezomo, 2001, p. 66)

Como já discutimos anteriormente, para oferecer um serviço de qualidade e obter a satisfação do cliente, é preciso conhecer as necessidades e os desejos dele. Dessa maneira, investir nesse conhecimento é um fator essencial e estratégico para qualquer organização, não apenas na área da saúde. De acordo com Mezomo (2001, p. 111): "De fato, não é possível satisfazer os clientes se os serviços não forem adequados às suas necessidades e se o atendimento deles não estiver previsto na própria definição da missão da instituição".

Por isso, ao criar seu protocolo de atendimento e desenvolver pesquisas de mercado com o intuito de levantar informações sobre os consumidores, a organização está procurando meios de promover a melhoria no atendimento e, consequentemente, gerar satisfação. Não basta conhecer o paciente apenas para gerar estratégias de relacionamento no pós-venda; é preciso aprender a atender-lhe desde o primeiro momento, gerando a tão esperada percepção de qualidade e de valor.

A construção da **percepção de qualidade** no atendimento não pode ser realizada sem o envolvimento da equipe.

> *O grande diferencial das organizações está cada dia mais centrado na qualidade pessoal e no desempenho profissional de seus recursos humanos. A tecnologia e a estrutura das organizações podem significar muito pouco se as pessoas não forem educadas para um trabalho responsável e não se sentirem comprometidas com a qualidade dele e, sobretudo, com o pleno atendimento das necessidades dos clientes.* (Mezomo, 2001, p. 53)

Para Mezomo (2001), a percepção da qualidade nos cuidados de saúde inclui o nível de satisfação do paciente, o resultado em termos de melhoria da sua saúde e os custos decorrentes do processo. Ela deve ser entendida como uma extensão da própria missão da organização, a fim de atender às expectativas dos pacientes e, se possível, ir além delas. A expressão "o paciente é a razão de ser do hospital" vem, cada vez mais, adquirindo sentido, pelo menos nas instituições interessadas na melhoria contínua da qualidade.

Ao partir da percepção de qualidade na prestação dos serviços hospitalares, torna-se possível construir uma identidade de valor perante o público. Para Mezomo (2001, p. 77): "A organização que não 'ouve' o cliente, que não conhece o que ele entende por 'valor' e que não se situa num nicho de mercado específico e competitivo tem poucas chances de sobreviver".

O processo de entrega de valor e de satisfação ao cliente começa antes mesmo da criação do produto ou da prestação do serviço. Inicia-se no planejamento e na concepção do negócio e se forma no contato com o cliente e no que lhe é oferecido.

Nessa perspectiva, uma das atribuições do marketing contemporâneo é demonstrar ao cliente as qualidades e os diferenciais da organização, bem como dos produtos, dos serviços e dos processos a ela atrelados. Essa atribuição contribui para a percepção de valor. É a partir dessa ação que se pode desenvolver uma percepção de valor superior, de algo além do que é concreto e palpável. Em outras palavras, ela possibilita a criação, na mente do consumidor, de uma imagem superior sobre a marca.

E o que significa valor? Para esclarecer melhor essa questão, cabe a nós recorrer a Kotler (2005). Segundo o autor, a percepção de valor envolve o julgamento do resultado esperado, conforme as possibilidades de consumo. Assim, a definição de valor diz respeito à equação entre o que se espera de um produto ou de um serviço em relação ao seu custo e ao resultado obtido.

> Além de estar mais informados do que nunca, os clientes de hoje possuem ferramentas para verificar os argumentos das empresas e buscar melhores alternativas. Então como fazem suas escolhas? Acreditamos que avaliam qual oferta proporciona maior valor. Os clientes procuram sempre maximizar o valor, dentro dos limites impostos pelos custos envolvidos na procura e pelas limitações de conhecimento, mobilidade e renda. Eles formam uma expectativa de valor e agem com base nela. A probabilidade de satisfação e repetição de compra depende de a oferta atender ou não a essa expectativa de valor. (Kotler, 2005, p. 139)

Assim, a construção de valor superior envolve a satisfação das necessidades e dos desejos do cliente, por meio de sua contínua percepção de qualidade. Esse patamar só pode ser alcançado por organizações que realmente se preparam e se dedicam a esse objetivo. Não se trata, como podemos perceber, somente de uma filosofia ou de uma visão de negócio, mas de uma realização concreta de ação.

O que percebemos, entretanto, é que "muitas empresas prestadoras de serviços não fazem um esforço sério para entender, atender e exceder as necessidades de seus clientes, embora tenham surgido para isto" (Mezomo, 2001, p. 132). Na área da saúde, o desafio, portanto, é mudar a perspectiva do negócio e dedicar-se ao paciente como centro da gestão de qualidade e de valor.

4.3 Legislação e ética

Não há como abordar o marketing na gestão hospitalar sem apontar os referenciais legais que delimitam sua atuação. Por isso, a seguir, apresentaremos os principais aspectos relativos ao Código de Ética Profissional do Administrador Hospitalar (FBAH, 1995), aprovado pela Federação Brasileira de Administradores Hospitalares (FBAH), e ao Manual de Publicidade Médica (CFM, 2011b), publicado pelo Conselho Federal de Medicina (CFM).

Todo gestor responsável deve conhecer e seguir as normas que regulamentam sua atividade. Por isso, o conhecimento desses documentos é obrigatório aos profissionais que atuam ou que desejam atuar na gestão hospitalar.

Antes de iniciarmos nossas considerações sobre tais documentos, cabe citar um trecho da nossa lei maior, a Constituição da República Federativa do Brasil de 1988, que, em seu art. 196, estabelece que:

> Art. 196. A saúde é direito de todos e dever do Estado, garantido mediante políticas sociais e econômicas que visem à redução do risco de doença e de outros agravos e ao acesso universal e igualitário às ações e serviços para sua promoção, proteção e recuperação. (Brasil, 1988)

Isto é, todos os brasileiros têm acesso universal e igualitário aos serviços de saúde, garantidos pela Constituição Federal. Com base nisso, seguiremos com os apontamentos referentes aos documentos que orientam as práticas da gestão hospitalar no Brasil.

4.3.1 Código de Ética Profissional do Administrador Hospitalar

A FBAH, fundada em 26 de fevereiro de 1971, tem a missão de promover a melhoria da saúde no Brasil, bem como o aprimoramento, a qualificação e a valorização profissional dos gestores e dos administradores hospitalares. Para isso, uma de suas ações foi a criação do Código de Ética Profissional do Administrador Hospitalar, publicado em julho de 1995.

A seguir, citaremos e discutiremos alguns dos artigos presentes nesse documento, uma vez que são de grande importância para o entendimento das obrigações inerentes ao profissional da gestão hospitalar.

Conforme o art. 2º do código: "O Administrador Hospitalar tem plena consciência de [que] está dentro de uma instituição complexa e coordenando atividades pluriprofissionais, em função da pessoa humana que procura manter ou restabelecer sua saúde" (FBAH, 1995). Como podemos perceber, o administrador hospitalar, ao planejar, promover e executar ações, deve sempre considerar o paciente como foco principal.

De acordo com os arts. 3º e 4º do código, para o bom desempenho de sua atividade, é fundamental ao administrador hospitalar investir na busca contínua por aperfeiçoamento e por formação profissional. Para ocupar tal cargo, não basta ser um bom profissional de saúde, tampouco ser especialista em gestão de empresas. Faz-se necessário aliar as noções técnico-científicas do administrador aos conhecimentos relacionados à saúde, bem como ter noções de gestão. E o gestor hospitalar deve buscar aperfeiçoamento e evolução constantes.

O sucesso na gestão administrativa pode levar uma organização, uma empresa, uma marca ou um produto a aferir lucro, crescimento de mercado e aumento de vendas. Na gestão hospitalar, o resultado a ser atingido é ainda maior: salvar vidas. Como recompensa por seu sucesso profissional, o gestor hospitalar tem a plena ciência de que contribui para a melhoria da qualidade de vida e a diminuição do sofrimento da população.

A gestão do administrador hospitalar é responsável por manter o foco das atividades da instituição centrado no paciente, além de lhe garantir a satisfação dos direitos fundamentais.

> *Art. 3 – O Administrador Hospitalar será consciente de que o bom desempenho na sua profissão requer formação específica e muito aprimorada.*
>
> *Art. 4 – O Administrador Hospitalar tem também formação cultural e humanista que lhe permita acompanhar o progresso da Administração Hospitalar, além da ciência, técnica e arte, devendo tomar parte ativa em estudos, organizações e promoções específicas, que visam aprimorá-las constantemente. [...]*
>
> *Art. 9 – O Administrador Hospitalar tem sempre presente que uma boa administração pode salvar vidas e prolongar existências, além de levar as instituições a otimizarem todas as suas possibilidades.*
>
> *Art. 10 – O Administrador Hospitalar dedica-se a uma vida de trabalho desinteressante para fazer de sua carreira de administrador hospitalar um sucesso, pois é um privilégio sagrado lidar com o mais precioso bem do homem, a saúde. [...]*
>
> *Art. 16 – O Administrador Hospitalar pauta a sua administração pelo princípio de que a pessoa humana é o fundamento, o sujeito e o fim de toda a instituição assistencial e, quando enferma, o centro e a razão de ser de toda atividade de saúde e hospitalar.*

Art. 17 – O Administrador Hospitalar possibilita aos pacientes, [sic] usufruir todos os direitos fundamentais da pessoa humana, tanto materiais quanto sociais e espirituais. (FBAH, 1995)

O texto do art. 18 cita que: "O Administrador Hospitalar não permite a transgressão dos princípios legais, éticos e morais, exigido [sic] de cada profissional o cumprimento rigoroso do Código de Ética da sua profissão". Isto é, o gestor hospitalar é responsável pela fiscalização da conduta ética dos profissionais que desempenham suas atividades na organização que ele administra.

São funções do administrador hospitalar criar mecanismos de desenvolvimento e de aperfeiçoamento profissional e estimular o ensino e a pesquisa, por meio da educação continuada de seus colaboradores:

Art. 19 – O Administrador Hospitalar tem consciência de que os recursos humanos são o principal e verdadeiro patrimônio do hospital e aplica uma política de recursos humanos que possibilite, de forma integrada, o desenvolvimento de todas as potencialidades de seus servidores.

[...]

Art. 21 – O Administrador Hospitalar estimula os aprimoramentos humano, cultural e técnico dos que trabalham no hospital.

Art. 22 – O Administrador Hospitalar promove o ensino e as pesquisas em todas as áreas da atividade hospitalar, através da educação continuada, palestras, cursos, participação em simpósios, congressos e demais formas de aprendizagem. (FBAH, 1995)

Em seu art. 28, o código define: "O Administrador Hospitalar mantém a comunidade informada sobre os recursos e as limitações do hospital, a fim de promover o bom nome perante o público" (FBAH, 1995). Assim, da mesma forma que é função do administrador promover os pontos positivos e a boa imagem da instituição, também é seu dever informar as suas limitações.

Já sobre os processos administrativos, o código cita, no art. 29: "O Administrador Hospitalar adota uma administração participativa, para que os profissionais e servidores possam dar sua contribuição nos programas que são implantados e apreciar o desempenho do hospital como um todo e de cada unidade administrativa" (FBAH, 1995). Isto é, a condição-base da administração quanto aos processos de tomada de decisão deve ser de participação, integrando os profissionais envolvidos na prestação dos serviços hospitalares e as suas decisões de planejamento.

O código também prevê que o administrador é responsável tanto pelo processo de coleta de informações quanto por conhecer o cliente, dispondo das informações necessárias para embasar seus processos de tomada de decisão. Logo, tudo que envolve a atividade de pesquisa na organização é de responsabilidade do administrador:

> Art. 30 – O Administrador Hospitalar aplica instrumentos adequados para mensurar o padrão de atendimento do hospital, com vistas ao seu constante aprimoramento.

> Art. 31 – O Administrador Hospitalar levanta, em períodos muito curtos, a maior quantidade possível de informações das atividades do hospital, para que possa tomar corretamente decisões, projetar resultados e prevenir dificuldades. (FBAH, 1995)

O texto do art. 32 não deixa dúvidas de que o profissional responsável pela administração hospitalar deve ter como principal característica a honestidade:

> Art. 32 – O Administrador Hospitalar é sempre leal e sincero com seus superiores hierárquicos, mantendo-os informados do que ocorre no

hospital e relevando com absoluta transparência os comportamentos sobre os quais está assentada toda a dinâmica hospitalar na área social, assistencial, humana e econômica. (FBAH, 1995)

E, para finalizar nossa discussão sobre os artigos do código, citamos também o art. 33: "O Administrador Hospitalar desempenha sempre suas tarefas com acerto, rapidez e eficácia". Evidentemente, o gestor hospitalar deve prezar pelo melhor desempenho possível de todos, tanto o seu quanto os dos seus colaboradores, pois sabe que é dessa postura assertiva que dependem a vida e o bem-estar da sua comunidade.

4.3.2 Manual de Publicidade Médica

O CFM é o órgão que define e fiscaliza o Manual de Publicidade Médica, documento que dita as ordens sobre a divulgação e a promoção dos profissionais médicos em todo o território nacional.

Segundo o manual:

A necessidade de informar o paciente e a sociedade sobre os avanços científicos e tecnológicos, bem como o direito de divulgar a habilitação e a capacitação para o trabalho, entre outros aspectos, não pode ultrapassar os limites éticos.

[...] [Assim] a medicina deve atuar como guardiã de princípios e valores, impedindo que os excessos do sensacionalismo, da autopromoção e da mercantilização do ato médico comprometam a própria existência daqueles que dele dependem. (CFM, 2011b, p. 9)

Com base nessa preocupação, o CFM publicou a Resolução n. 1.974, de 14 de julho de 2011 (CFM, 2011a), que "Estabelece os critérios norteadores da propaganda em Medicina, conceituando os anúncios, a divulgação de assuntos médicos, o sensacionalismo, a autopromoção e as proibições referentes à matéria", atualizando a Resolução n. 1.701, de 10 de setembro de 2003 (CFM, 2003). Esclarecemos que a Resolução n. 1.974/2011 é a base do Manual de Publicidade Médica, que a reproduz na íntegra e a complementa com algumas informações pertinentes à elaboração da publicidade médica. Em nossa análise, apresentada a seguir, optamos por nos referir diretamente à Resolução n. 1.974/2011, deixando claro que, ao fazermos isso, também estamos nos referindo ao texto do Manual de Publicidade Médica.

De acordo com Resolução CFM n. 1.974/2011:

> *a publicidade médica deve obedecer exclusivamente a princípios éticos de orientação educativa, não sendo comparável à publicidade de produtos e práticas meramente comerciais [...];*
>
> *[...] o atendimento a esses princípios é inquestionável pré-requisito para o estabelecimento de regras éticas de concorrência entre médicos, serviços, clínicas, hospitais e demais empresas registradas nos Conselhos Regionais de Medicina; [...]* (CFM, 2011a)

Isto é, a publicidade médica deve ter um caráter educativo, pois a lei proíbe a promoção ou a venda de produtos e de serviços. E essa proibição se refere não apenas ao papel do médico mas também às instituições de saúde.

A resolução ainda estabelece que:

> **Art. 3º** *É vedado ao médico:*
>
> *[...]*
>
> *b) Anunciar aparelhagem de forma a lhe atribuir capacidade privilegiada;*
> *c) Participar de anúncios de empresas ou produtos ligados à Medicina [...];*
>
> *[...]*

> *f) Fazer propaganda de método ou técnica não aceito pela comunidade científica;*
>
> *g) Expor a figura de seu paciente como forma de divulgar técnica, método ou resultado de tratamento, ainda que com autorização expressa do mesmo [...];*
>
> *h) Anunciar a utilização de técnicas exclusivas;*
>
> *[...]*
>
> *k) Garantir, prometer ou insinuar bons resultados do tratamento.* (CFM, 2011a, grifo do original)

Dessa maneira, o médico não pode realizar nenhum tipo de anúncio que lhe confira vantagens ou privilégios, assim como a divulgação da utilização de certos aparelhos ou certos métodos. Em outras palavras, ele não pode ser um "garoto propaganda" de produtos ou de técnicas médicas e tampouco expor a imagem dos seus pacientes. Por isso, anúncios de hospitais e de clínicas devem utilizar atores para representar tanto médicos quanto pacientes.

O texto do art. 5º estabelece que o gestor hospitalar ou o responsável técnico deve assinar todos os anúncios referentes à sua organização. Assim, ele garante o comprometimento com os conteúdos de tais publicações, nos termos da lei.

> **Art. 5º** *Nos anúncios de clínicas, hospitais, casas de saúde, entidades de prestação de assistência médica e outras instituições de saúde deverão constar, sempre, o nome do diretor técnico médico e sua correspondente inscrição no Conselho Regional em cuja jurisdição se localize o estabelecimento de saúde.* (CFM, 2011a, grifo do original)

A resolução define que o médico poderá conceder entrevistas ou publicar trabalhos e artigos. Contudo, nunca com o objetivo de se autopromover nem com a intenção de divulgar marcas, produtos ou serviços.

> **Art. 8º** *O médico pode, utilizando qualquer meio de divulgação leiga, prestar informações, dar entrevistas e publicar artigos versando sobre assuntos médicos de fins estritamente educativos.*
>
> **Art. 9º** *Por ocasião das entrevistas, comunicações, publicações de artigos e informações ao público, o médico deve evitar sua autopromoção e sensacionalismo, preservando, sempre, o decoro da profissão.* (CFM, 2011a, grifo do original)

A Resolução n. 1.974/2011, em seus 16 artigos, estabelece ainda mais algumas regras relativas aos procedimentos e às delimitações médicas. Cabe ressaltar alguns aspectos presentes em seus anexos.

O Anexo 1 aborda os critérios gerais da publicidade e da propaganda e define, em detalhes, como uma peça publicitária da área médica deve ser construída para os mais diversos meios de comunicação. O texto cita, inclusive, aspectos referentes à diagramação e a dados técnicos, limitações, exigências e proibições tanto de forma quanto de conteúdo das mensagens publicitárias.

Os critérios gerais de publicidade e propaganda expostos no Anexo 1 são relativos aos casos de:

- profissional individual;
- empresa ou estabelecimento de serviços médicos particulares;
- serviços médicos oferecidos pelo Sistema Único de Saúde (SUS) (CFM, 2011a).

O mesmo anexo ainda cita critérios específicos para:

- anúncios publicitários e de propaganda;
- material impresso de caráter institucional:

- publicidade e propaganda em TV, rádio e internet;
- a relação dos médicos com a imprensa, no uso das redes sociais e na participação em eventos (CFM, 2011a).

Por fim, quanto às proibições gerais estabelecidas, o anexo indica a impossibilidade de:

I – usar expressões tais como "o melhor", "o mais eficiente", "o único capacitado", "resultado garantido" ou outras com o mesmo sentido;

II – sugerir que o serviço médico ou o médico citado é o único capaz de proporcionar o tratamento para o problema de saúde;

III – assegurar ao paciente ou a seus familiares a garantia de resultados;

IV – apresentar nome, imagem e/ou voz de pessoa leiga em medicina, cujas características sejam facilmente reconhecidas pelo público em razão de sua celebridade, afirmando ou sugerindo que ela utiliza os serviços do médico ou do estabelecimento de saúde ou recomendando seu uso;

IV – sugerir diagnósticos ou tratamentos de forma genérica, sem realizar consulta clínica individualizada e com base em parâmetros da ética médica e profissional;

V – usar linguagem direta ou indireta relacionando a realização de consulta ou de tratamento à melhora do desempenho físico, intelectual, emocional, sexual ou à beleza de uma pessoa;

VI – apresentar de forma abusiva, enganosa ou assustadora representações visuais das alterações do corpo humano causadas por doenças ou lesões; todo uso de imagem deve enfatizar apenas a assistência;

VII – apresentar de forma abusiva, enganosa ou sedutora representações visuais das alterações do corpo humano causadas por supostos tratamentos ou submissão a tratamento; todo uso de imagem deve enfatizar apenas a assistência;

VIII – incluir mensagens, símbolos e imagens de qualquer natureza dirigidas a crianças ou adolescentes, conforme classificação do Estatuto da Criança e do Adolescente;

IX – fazer uso de peças de propaganda e/ou publicidade médica – independentemente da mídia utilizada para sua veiculação – nas quais se apresentem designações, símbolos, figuras, desenhos, imagens, slogans e quaisquer argumentos que sugiram garantia de resultados e percepção de êxito/sucesso pessoal do paciente atreladas ao uso dos serviços de determinado médico ou unidade de saúde. (CFM, 2011a)

A Resolução n. 1.974/2011 ainda apresenta uma série de modelos de anúncios com o objetivo de facilitar a compreensão por parte do leitor. Os modelos podem servir de base para que a criação dos anúncios das instituições hospitalares esteja perfeitamente adequada às regras estabelecidas.

4.3.3 Ética na gestão hospitalar

Conforme discutimos nesta obra, o gestor hospitalar deve conhecer e seguir as normas que regulamentam sua atividade, pautando-se nos princípios éticos e legais que a norteiam.

Falar em ética na gestão hospitalar pode parecer um assunto óbvio, por esta se tratar de uma atividade baseada no atendimento à necessidade mais básica do ser humano: a vida. Não fosse pelos estatutos e normas aqui apresentados, seria, até mesmo, possível dizer que a ética é inerente a essa atividade. Contudo, a própria necessidade de haver legislações a esse respeito já demonstra que, na prática, nem tudo costuma funcionar como deveria. Por isso, estatutos e normas que visam à manutenção e à fiscalização dos princípios éticos são tão necessários.

Segundo Christian de Paul de Barchifontaine (2005, p. 478), "o papel do administrador hospitalar, ao refletir sobre a ética na gestão da saúde, baseia-se na primazia da pessoa sobre o econômico". O objetivo de uma organização de saúde, portanto, não pode, de modo algum, concentrar-se na aferição de lucro ou no desempenho econômico, mas no atendimento à pessoa em relação às suas necessidades. Para o autor, "enfrentar estes questionamentos, pensá-los criticamente e postular alternativas requer um entrelaçamento das áreas do conhecimento e exige um diálogo entre social, econômico e político" (Barchifontaine, 2005, p. 477).

Obviamente, enfatizamos que não estamos insinuando que uma organização de saúde não possa ter lucro, pois ele é necessário para a sua sobrevivência, bem como para que ela tenha bom desempenho e boas possibilidades de crescimento. Contudo, essa não pode ser sua atividade-fim, seu objetivo último.

Na gestão de qualquer tipo de organização empresarial, a obtenção de lucro é um fator determinante na análise do desempenho do negócio. Entretanto, na gestão hospitalar, esse valor se inverte. Citando novamente Mezomo (2001, p. 47): "o cliente é mais importante do que o lucro!".

Nesse sentido, Barchifontaine (2005, p. 492) comenta o papel da responsabilidade social da gestão hospitalar:

> *A questão da responsabilidade social da empresa vai além de sua postura legal, da prática filantrópica ou do apoio à comunidade. Significa mudança de atitude, numa perspectiva de gestão empresarial com foco na qualidade das relações e na geração de valor para todos. Nesse contexto, o administrador hospitalar deve ser um agente de transformação na sociedade, do resgate da dignidade da pessoa e da qualidade de vida.*

O paciente precisa ser visto como ele realmente é: como uma pessoa. E, conforme os autores, pessoas precisam de "muito mais do que um bom profissional que saiba o seu ofício corretamente. Querem ser atendidos como pessoas ativas [...] querem ser respeitados, bem tratados" (Zaher, 2005, p. 504).

Assim, a ética na gestão hospitalar pode ser compreendida como um processo de reflexão e ação, embasado em princípios como a autonomia e filantropia, que almeja uma nova relação entre sociedade, ciência, governos e profissionais de saúde. E podemos dizer que, para os profissionais da saúde, a bioética é um espaço de diálogo, um pedido de resgate da dignidade da pessoa humana, que enfatiza a qualidade de vida, a sua proteção e o seu ambiente (Barchifontaine, 2005). Não implica excluir do vocabulário dos gestores termos e ações voltadas para o lucro, o crescimento, o investimento etc. Pelo contrário, significa que tais aspectos não devem ser o objetivo último de uma organização hospitalar, mas uma consequência.

Nesse sentido, o foco de uma gestão ética deve residir, portanto, em ver o paciente como pessoa, e não como consumidor. Assim, será possível trabalhar para atingir os melhores resultados possíveis na busca pela melhoria da qualidade de vida do paciente.

Síntese

Neste capítulo, analisamos o papel das estratégias de marketing como meios auxiliares às atividades da gestão hospitalar. Dessa maneira, comentamos sobre a necessidade de que os hospitais busquem profissionais com formação e capacitação para a sua gerência ou ofereçam aos seus atuais gestores cursos e treinamentos com essa finalidade.

Discutimos algumas questões que embasaram, nas instituições de saúde, uma mudança de postura em relação à sua administração. De acordo com essa nova postura, o foco da gestão hospitalar centra-se na construção de uma percepção de qualidade em seus clientes e na busca pela satisfação deles. Além disso, o atendimento eficaz às necessidades dos clientes traz um consequente processo de geração de valor aos serviços oferecidos pela organização e à sua imagem.

Abordamos as importantes recomendações de dois documentos que embasam o trabalho dos profissionais da gestão hospitalar: o Código de Ética Profissional do Administrador Hospitalar e o Manual de Publicidade Médica (fundamentado na Resolução n. 1.974/2011). Vimos que o código estabelece os princípios e as normas a serem seguidos pelo gestor hospitalar no desempenho e na promoção de seu negócio, baseados em princípios administrativos, sociais e éticos. Já o manual estabelece as condutas que devem reger o ofício dos profissionais da área médica nas atividades de promoção e de divulgação da sua própria imagem, seja por meio de anúncios, seja por meio de participação em entrevistas, seja por meio de suas carreiras acadêmicas.

Por fim, demonstramos a importância da ética no marketing e nas relações dessa área com as instituições de saúde. Destacamos a necessidade que essas organizações têm de reconhecer que o cliente é a verdadeira razão de elas existirem.

Questões para revisão

1. Qual é o papel do marketing na gestão hospitalar?
2. O que você entende por *novo foco da gestão hospitalar*?
3. Assinale a alternativa correta. Um hospital, ao produzir um comercial para TV, um vídeo institucional ou mesmo um anúncio impresso, pode usar a imagem de que tipo de pessoas?
    a) Colaboradores (com a devida autorização).
    b) Pacientes reais (com a devida autorização).
    c) Atores contratados.
    d) Qualquer pessoa.

4. O Manual de Publicidade Médica, do CFM, impõe algumas restrições à publicidade. Com relação a elas, assinale V para as afirmações verdadeiras e F para as falsas:

( ) O médico pode conceder entrevistas ou publicar trabalhos e artigos, sendo esta uma oportunidade legal para sua autopromoção.

( ) O médico não pode participar de anúncios de empresas ou de produtos ligados à medicina; contudo, poderá anunciar aparelhagem de uso pessoal como forma de atribuir e ela capacidade privilegiada.

( ) O médico pode incluir em seus anúncios, mensagens, símbolos e imagens de qualquer natureza dirigidos a crianças ou adolescentes.

( ) O médico pode expor a figura do seu paciente como forma de divulgar técnicas, métodos ou resultados de tratamentos apenas se houver a autorização expressa deste.

( ) O médico não pode participar de anúncios, contudo, pessoas famosas poderão fazê-lo, afirmando ou sugerindo que elas utilizam os serviços do médico ou do estabelecimento de saúde ao qual ele está conveniado.

Agora, assinale a alternativa que representa a sequência obtida:
a) F, F, V, F, F.
b) F, V, V, F, V.
c) V, F, V, F, V.
d) F, F, V, V, F.

5. Com relação à evolução da gestão hospitalar no Brasil, relacione as colunas a seguir, indicando a correspondência dos fatos apresentados à direita com as épocas apresentadas à esquerda.

(A) Anos 1950
(B) Anos 1960
(C) Anos 1970, 1980 e 1990
(D) De 2000 em diante

( ) Surgem os complexos hospitalares e as empresas ligadas à saúde.
( ) O governo começa a participar da saúde da população por meio da previdência social.
( ) O foco é a preocupação com o tratamento das doenças e ocorre a criação de instituições de cunho curativo.
( ) Surge a competitividade na área da saúde. O paciente passa a procurar por ofertas sobre as quais ele tem maior percepção de valor.

Agora, assinale a alternativa que representa a sequência obtida:
a) C, B, A, D.
b) B, A, C, D.
c) C, A, B, D.
d) D, A, B, C.

Para refletir...

A seguinte citação é uma importante reflexão que sistematiza a importância de ações de marketing para o novo foco da gestão hospitalar: "Humanizar a saúde é dar qualidade para a relação, é suportar as angústias do ser humano diante da fragilidade do corpo" (Zaher, 2005, p. 506).

Perguntas & respostas

Qual é o limite da ética na promoção de uma instituição hospitalar?

Na promoção de uma instituição hospitalar, é difícil estabelecer o limite da ética entre a divulgação e a construção da imagem organizacional e o sensacionalismo e a mercantilização da saúde, uma vez que a comunicação é uma atividade subjetiva. Por isso, o gestor hospitalar deve, em vista de todos os motivos apresentados neste capítulo, desenvolver e promover a imagem de sua organização com o objetivo de torná-la sustentável e próspera. Entretanto, não pode perder o foco de suas atividades-fim: a sustentação e a preservação da vida.

O sucesso de uma organização, entidade ou empresa de serviços de saúde não pode ser confundido com a mercantilização da saúde, isto é, como algo negativo. Pelo contrário, seu sucesso e seu crescimento geram cada vez mais benefícios à sociedade em que a organização está inserida. Portanto, o que ela deve prevenir e evitar são o exagero e a divulgação que excede o caráter informativo e que objetiva tão somente o lucro.

Para saber mais

CFM – Conselho Federal de Medicina. Resolução n. 1.974, de 14 de julho de 2011. **Diário Oficial da União**, Brasília, DF, 19 ago. 2011. Disponível em: <http://www.portalmedico.org.br/resolucoes/CFM/2011/1974_2011.htm>. Acesso em: 5 maio 2017.

CFM – Conselho Federal de Medicina. Comissão Nacional de Divulgação de Assuntos Médicos. **Manual de publicidade médica**: Resolução CFM n. 1.974/11. Brasília, 2011. Disponível em: <http://portal.cfm.org.br/publicidademedica/arquivos/cfm1974_11.pdf>. Acesso em: 4 maio 2017.

FBAH – Federação Brasileira de Administradores Hospitalares. Código de Ética Profissional do Administrados Brasileiro. **Informativo Hospitalar Brasileiro**, n. 4, jul. 1995. Disponível em: <http://www.fbah.org.br/institucional.php?cod_inst=2/>. Acesso em: 4 maio 2017.

KLAJNER, S. et al. Grupos médicos assistenciais do Hospital Israelita Albert Einstein, **Harvard Business Review Brasil**, ago. 2015. Disponível em: <http://hbrbr.com.br/grupos-medicos-assistenciais-do-hospital-israelita-albert-einstein/>. Acesso em: 4 maio 2017.

Os *links* indicados envolvem aspectos da gestão hospitalar e são sugestões de leitura e de conhecimento para aprofundar a compreensão dos assuntos discutidos neste capítulo.

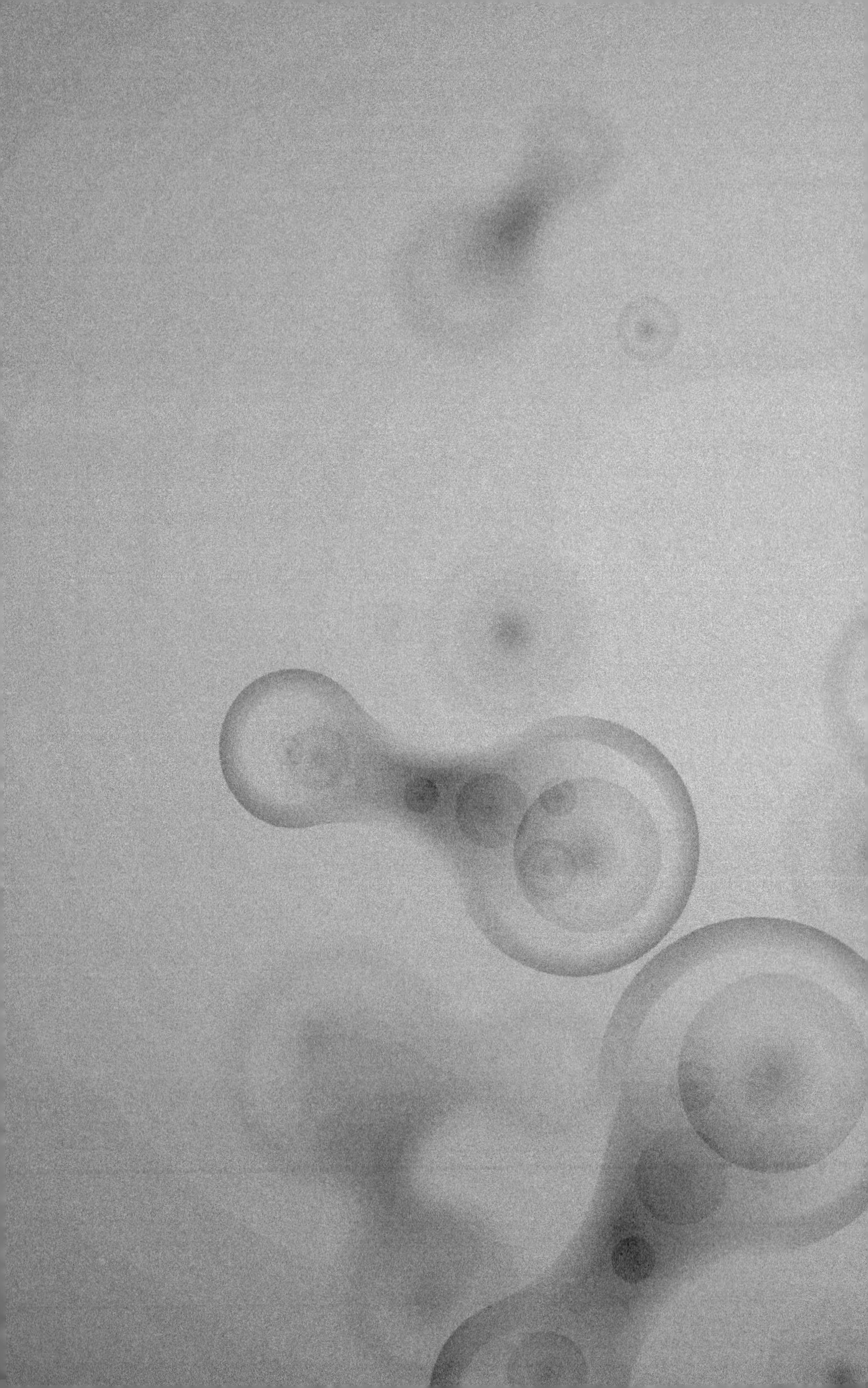

Para concluir...

Em nosso passeio pelos caminhos do marketing, demonstramos que ele não se trata apenas da divulgação de produtos ou de processos envolvidos nas ações de vendas, mas de um conjunto de atividades organizadas de forma estratégica que dizem respeito a todos os setores de uma organização e que têm os propósitos de motivá-la, de melhorá-la e de promovê-la.

Por isso, ressaltamos que a atividade de marketing é essencialmente estratégica, pois envolve o estudo, o desenvolvimento, a elaboração, a aplicação e a avaliação de ações voltadas para a melhoria contínua dos processos de uma empresa. Ou seja, trata-se de um planejamento que, certamente, é um dos pilares fundamentais de toda organização, marca, produto ou serviço que deseja ter sucesso.

Embora, no passado, pelo seu caráter promocional ou mesmo em virtude da sua alta capacidade de persuasão, as ações de marketing tenham sido discriminadas e mal vistas pelo setor da saúde, hoje, essa concepção mudou, e a gestão hospitalar percebeu que não poderia ficar de fora nem deixar de observar a importância do marketing em sua realização. Por isso, o planejamento de marketing, como parte da construção estratégica da organização, passa, cada vez mais, a integrar as políticas da gestão hospitalar e os produtos e os serviços destinados à área da saúde.

Assim, o marketing na gestão hospitalar é e deve ser entendido como uma atividade integrada ao planejamento da organização, destinada a auxiliar todos os setores, contribuindo com melhorias em diversos aspectos, tanto internos quanto externos, em benefício da instituição, dos seus colaboradores, dos seus clientes e da comunidade em que ela se insere. Além disso, ele assumiu um protagonismo estratégico na constituição do novo foco da gestão hospitalar centrado na percepção de qualidade pelo cliente e na satisfação das necessidades deste.

Nessa perspectiva, o marketing atenderá às necessidades e às expectativas de promoção da saúde individual e coletiva, tendo como referência basilar a ética, fundada em princípios que devem nortear todas as atividades profissionais.

Por fim, ressaltamos que os assuntos que discutimos ao longo desta obra não se esgotam aqui. Eles ainda podem levar você a percorrer muitos caminhos, se assim o desejar e se buscar por novos conhecimentos nessa área. Afinal, tanto o marketing quanto a gestão hospitalar são, sem dúvida, assuntos fascinantes e inesgotáveis.

Estudo de caso

Para demonstrar a aplicação dos conteúdos trabalhados nesta obra, apresentamos um exemplo de como desenhar uma estratégia de marketing em um cenário hipotético.

Suponha que uma empresa tenha sido contratada para realizar uma consultoria de marketing ao Hospital do Idoso Zilda Arns, mantido pela Fundação Estatal de Atenção Especializada em Saúde de Curitiba (Feaes). Esse hospital de médio porte busca ser referência no atendimento a idosos e tem procurado especializar-se no público acima de 60 anos que possui algum tipo de convênio ou plano de saúde, ou seja, o hospital não atende a pacientes do Sistema Único de Saúde (SUS). A organização realiza consultas, exames, procedimentos e pequenas cirurgias.

Essa consultoria, envolvendo o estudo, o desenvolvimento, a elaboração, a aplicação, o monitoramento e a avaliação das ações planejadas, deve durar de 8 a 12 meses e contar com recursos estimados entre 150 e 200 mil reais. A seguir, descrevemos sucintamente as fases que a empresa contratada deve observar para realizar o serviço de consultoria.

- A **primeira fase** da consultoria diz respeito à análise do cenário. A empresa contratada deve recolher o máximo possível de informações sobre o hospital. Para isso, ela pode utilizar, como modelos de análise, o *briefing* e a matriz Swot. Depois de realizar um extenso levantamento de informações, é preciso conhecer bem o local. Ainda, se possível, é interessante experimentar o hospital na condição de cliente para observar na prática os processos, o atendimento e a prestação de serviços, a fim de perceber como a instituição funciona e tirar dúvidas com os colaboradores e com outros clientes.

Em seguida, é importante conhecer mais a fundo as pessoas que trabalham no hospital, desde o pessoal da limpeza até os médicos e os diretores. Pelo contato com eles, é possível determinar as principais dificuldades e os principais problemas existentes na organização.

- A **segunda fase** da consultoria refere-se à definição, em conjunto com a equipe de gestão do hospital, da linha de ação da estratégia de marketing a ser adotada. Com base em todo o conhecimento da organização (dos seus pontos positivos e dos seus pontos negativos), traça-se um rumo para o planejamento de marketing. Após análises e reuniões de planejamento com a equipe hospitalar, define-se que a estratégia das ações de marketing será dividida em três principais áreas de atuação:
  1. Melhoria no atendimento – Será realizada por meio de ações de treinamento de colaboradores, pela modernização do sistema e dos processos de atendimento ao paciente, pela melhoria na estrutura das salas de espera, pelo aprimoramento da estrutura de hotelaria, pelo aperfeiçoamento do estacionamento e pela implantação de pesquisa de satisfação.
  2. Melhoria na comunicação – Deve ser executada por meio da modernização da comunicação visual externa (uma nova fachada, por exemplo), da comunicação visual interna (nova organização das salas, por exemplo) e do paisagismo do hospital, por um melhor uso da marca nos materiais de papelaria e por aprimoramentos na sinalização e na ambientação interna. Esta etapa inclui também o desenvolvimento

de ferramentas para melhorar a comunicação interna entre os colaboradores, como quadros de aviso, e a inclusão, no *site* do hospital, de um espaço exclusivo para colaboradores receberem e trocarem informações. A modernização dos canais virtuais de comunicação, como o *site*, e o desenvolvimento de um aplicativo para celulares para os pacientes acompanharem com maior facilidade agendamentos, exames, fila de espera, entre outros, também são exemplos significativos de melhorias na comunicação.
3. Melhoria do ambiente organizacional – Trata-se da adoção de ações que incentivem a integração das equipes, como a entrega de pequenos presentes para os aniversariantes do mês, o oferecimento de festas ou de jantares de confraternização (ao menos duas vezes ao ano) e a criação de um programa de premiação aos colaboradores que atingirem as metas de trabalho. Após essa definição, cabe à consultoria detalhar todas as ações que pretende tomar, as quais deverão ser descritas no modelo de planejamento horizontal, incluindo os respectivos responsáveis, as metas desejadas, os recursos disponíveis e os prazos pretendidos, para serem aprovadas e acompanhadas pelo grupo de gestão.

- A **terceira fase**, que se inicia uma vez que o planejamento seja aprovado, é a aplicação das ações definidas na fase anterior. Para as atividades que podem ser executadas pelo pessoal interno, cabe, a cada setor, dentro da estrutura de gestão, definir um profissional responsável e controlar a aplicação de cada uma delas.

    As ações que dependerem de contratação externa devem ser realizadas pelo setor de marketing, com a aprovação da equipe de gestão. Todas as ações, por sua vez, precisam ser acompanhadas pela consultoria de marketing de forma conjunta com seus respectivos responsáveis, para manter-se a integração entre as equipes e possibilitar futuras avaliações.

Com o início da aplicação das ações desenvolvidas, é necessário desenvolver um cronograma de ação, para facilitar o controle de tudo o que está acontecendo e do impacto de tais ações no dia a dia do hospital e o acompanhamento do investimento dos recursos financeiros. É importante não realizar tudo ao mesmo tempo, mas planejar ações conjuntas e sequenciais, garantindo, pouco a pouco, mudanças mais profundas e duradouras.

- Por fim, a **quarta fase** da consultoria é a avaliação das ações executadas. Durante a aplicação de cada ação e ao término de cada uma delas, é preciso avaliar os resultados obtidos. É importante conhecer o impacto de cada uma delas sobre as equipes do hospital e os pacientes, os retornos obtidos em relação ao investimento, os resultados (isto é, se as metas determinadas foram ou não atingidas) etc. A ideia é manter as ações de execução periódica que funcionaram e remover ou aperfeiçoar as que não geraram tantos resultados.

Dessa maneira, a empresa contratada para a consultoria de marketing pode realizar seu serviço de maneira a atender adequadamente às necessidades do hospital.

Referências

ABRP – Associação Brasileira de Relações Públicas. **Definição de relações públicas**. Disponível em: <http://abrpsp.org.br/mercado/definicao-de-rp-da-abrp/>. Acesso em: 4 maio 2017.

BARCHIFONTAINE, C. de P. de. Ética e gestão empresarial em saúde. In: PEREIRA, L. L.; GALVÃO, C. R.; CHANES, M. (Org.). **Administração hospitalar**: instrumentos para a gestão profissional. São Paulo: Loyola, 2005. p. 477-500.

BARRETO, I. F.; CRESCITELLI E. **Marketing de relacionamento**: como implementar e avaliar resultados. São Paulo: Pearson Prentice Hall, 2013.

BRASIL. Constituição (1988). **Diário Oficial da União**, Brasília, DF, 5 out. 1988. Disponível em: <http://www.planalto.gov.br/ccivil_03/Constituicao/Constituicao.htm>. Acesso em: 4 maio 2017.

_____. Lei n. 8.078, de 11 de setembro de 1990. **Diário Oficial da União**, Poder Legislativo, Brasília, DF, 12 set. 1990. Disponível em: <http://www.planalto.gov.br/ccivil_03/leis/l8078.htm>. Acesso em: 4 maio 2017.

CAMPOS DA PAZ JÚNIOR, A.; BRAGA, L. W. **Nossos princípios**. Rede Sarah de Hospitais de Reabilitação Disponível em: <http://www.sarah.br/a-rede-sarah/nossos-principios>. Acesso em: 2 maio 2017.

CFM – Conselho Federal de Medicina. Resolução n. 1.701, de 10 de setembro de 2003. **Diário Oficial da União**, Brasília, DF, 23 set. 2003. Disponível em: <http://www.portalmedico.org.br/resolucoes/CFM/2003/1701_2003.htm>. Acesso em: 5 maio 2017.

CFM – Conselho Federal de Medicina. Resolução n. 1.974, de 14 de julho de 2011. **Diário Oficial da União**, Brasília, DF, 19 ago. 2011a. Disponível em: <http://www.portalmedico.org.br/resolucoes/CFM/2011/1974_2011.htm>. Acesso em: 5 maio 2017.

CFM – Conselho Federal de Medicina. Comissão Nacional de Divulgação de Assuntos Médicos. **Manual de Publicidade Médica**: Resolução CFM n. 1.974/11. Brasília, 2011b. Disponível em: <http://portal.cfm.org.br/publicidademedica/arquivos/cfm1974_11.pdf>. Acesso em: 4 maio 2017.

COBRA, M. **Marketing básico**: uma perspectiva brasileira. 4. ed. São Paulo: Atlas, 2012.

DELGADO, F.; BENAVIDES, J. **Marketing e marketeam**: dicas para o sucesso empresarial. São Paulo: Academia, 2012.

FBAH – Federação Brasileira de Administradores Hospitalares. Código de Ética Profissional do Administrados Brasileiro. **Informativo Hospitalar Brasileiro**, n. 4, jul. 1995. Disponível em: <http://www.fbah.org.br/institucional.php?cod_inst=2/>. Acesso em: 4 maio 2017.

FEDERIGHI, W. J. P. O Enfoque do planejamento estratégico na gestão hospitalar. In: PEREIRA, L. L.; GALVÃO, C. R.; CHANES, M. (Org.). **Administração hospitalar**: instrumentos para a gestão profissional. São Paulo: Loyola, 2005. p. 73-117.

HOSPITAL ISRAELITA ALBERT EINSTEIN. **Missão, visão e valores**. 10 dez. 2015. Disponível em: <http://www.einstein.br/sobre-einstein/missao-visao-valores>. Acesso em: 2 maio 2017.

HOSPITAL PEQUENO PRÍNCIPE. **Missão, valores e diretrizes**. Disponível em: <http://pequenoprincipe.org.br/hospital/missao-valores-e-diretrizes/>. Acesso em: 2 maio 2017.

KLAJNER, S. et al. Grupos médicos assistenciais do Hospital Israelita Albert Einstein. **Harvard Business Review Brasil**, ago. 2015. Disponível em: <http://hbrbr.com.br/grupos-medicos-assistencia is-do-hospital-israelita-albert-einstein/>. Acesso em: 4 maio 2017.

KOTLER, P. **Administração de marketing**: análise, planejamento, implementação e controle. 4. ed. São Paulo: Atlas, 1995.

_____. _____. 5. ed. São Paulo: Atlas, 1999.

_____. _____. 12. ed. São Paulo: Atlas, 2005.

_____. **Marketing para organizações que não visam o lucro**. São Paulo: Atlas, 1994.

KOTLER, P. **Marketing para o século XXI**: como criar, conquistar e dominar mercados. São Paulo: Agir, 2009.

KOTLER, P.; ARMSTRONG, G. **Introdução ao marketing**. 4. ed. Rio de Janeiro: LTC, 2000.

_____. **Princípios de marketing**. Rio de Janeiro: Pearson Prentice Hall, 2003.

KOTLER, P.; KELLER, K. L. **Administração de marketing**. 12. ed. São Paulo: Pearson Prentice Hall, 2006.

MADRUGA, R. P. et al. **Adminstração de marketing no mundo contemporâneo**. Rio de Janeiro: FGV, 2004.

MAIA, A. C.; GIL, A. C. Perfil do administrador hospitalar: competências, formação e conhecimento do negócio. In: PEREIRA, L. L.; GALVÃO, C. R.; CHANES, M. (Org.). **Administração hospitalar**: instrumentos para a gestão profissional. São Paulo: Loyola, 2005. p. 9-35.

MARTINS, Z. **Propaganda é isso aí!**: um guia para novos anunciantes e futuros publicitários. São Paulo: Atlas, 2004.

MCKENNA, R. **Marketing de relacionamento**: estratégias bem-sucedidas para a era do cliente. Rio de Janeiro: Campus, 1992.

MEZOMO, J. C. **Gestão da qualidade na saúde**: princípios básicos. São Paulo: Manole, 2001.

PEREIRA, L. L.; GALVÃO, C. R.; CHANES, M. (Org.). **Administração hospitalar**: instrumentos para a gestão profissional. São Paulo: Loyola, 2005.

PEREZ, C.; BAIRON, S. **Comunicação e marketing**: teorias da comunicação e novas mídias – um estudo prático. São Paulo: Futura, 2002.

REDE SARAH DE HOSPITAIS DE REABILITAÇÃO. **Nossos princípios**. Disponível em: <http://www.sarah.br/a-rede-sarah/nossos-principios>. Acesso em: 21 ago. 2016.

SANTINI, F. R.; LUDOVICO, N. (Org.). **Gestão de marketing**: o plano de marketing como orientador das decisões. São Paulo: Saraiva, 2013.

TAJRA, S. F.; SANTOS, S. A. dos. **Tecnologias organizacionais na saúde**: um enfoque prático das principais ferramentas de organização e de qualidade para as empresas na área de saúde. São Paulo: Iátria, 2003.

UNDERHILL, P. **Vamos às compras**: a ciência do consumo. Rio de Janeiro: Elsevier, 1999.

_____. _____. Rio de Janeiro: Campus, 2009.

ZAHER, V. L. Humanização Hospitalar. In: PEREIRA, L. L.; GALVÃO, C. R.; CHANES, M. (Org.). **Administração hospitalar**: instrumentos para a gestão profissional. São Paulo: Loyola, 2005. p. 501-531.

ZENONE, L. C. Gestão de Marketing hospitalar. In: PEREIRA, L. L.; GALVÃO, C. R.; CHANES, M. (Org.). **Administração hospitalar**: instrumentos para a gestão profissional. São Paulo: Loyola, 2005. p. 353-382.

Respostas

Capítulo 1
Questões para revisão
1. Não há uma resposta certa ou definitiva, mas princípios que devem compor a resposta, os quais podem ser identificados por meio de conceitos-chave e de expressões como: planejamento de ações; atendimento às necessidades e aos desejos dos clientes; atividades voltadas para o cliente, o consumidor e o mercado; ações para vender um produto, um serviço ou uma marca; geração de diferenciação, de valor e de satisfação; aprimoramento do atendimento ao cliente e do relacionamento com ele.
2. Os modelos de marketing conhecidos como 4Ps, 4Cs e 4As têm o objetivo de traçar o conjunto básico de âmbitos de análise e de tomadas de decisão. Os modelos dos 4Cs e dos 4Ps se inter-relacionam e abordam quatro esferas que envolvem todos os setores de análise e de atuação para estratégia de marketing. O modelo dos 4As também se relaciona aos dos 4Ps e dos 4Cs e tem a função de organizar as etapas de planejamento, indicando as fases de procedimento.
3. d
4. b
5. d

Capítulo 2
Questões para revisão

1. O planejamento de marketing é uma atividade que envolve conhecimento, reflexão, tomadas de decisão e ação. Seu objetivo é analisar a situação presente de uma empresa para planejar o seu futuro. Planejamento de marketing, portanto, refere-se à análise, à reflexão, à elaboração e à execução de ações de marketing e de comunicação focadas nas necessidades presentes e nos objetivos futuros da organização. Com base na análise, pode-se desenvolver um plano de ações para o composto de comunicação a fim de alcançar objetivos, como o ganho de percepção de valor dos produtos ofertados, a atração de novos clientes, o aumento das vendas e a melhoria do ambiente organizacional.

2. A matriz Swot visa analisar os aspectos internos e externos à organização. Internamente, ela procura determinar os pontos positivos (as forças) e os negativos (as fraquezas), ou seja, os aspectos bons e os que precisam ser melhorados, ambos sob o controle direto da empresa. Por sua vez, na análise externa, a matriz Swot visa determinar oportunidades e ameaças referentes ao mercado, à economia, à política, à tecnologia, entre outras. Isto é, ela procura dar conta de tudo que vem de fora da organização e que pode influenciá-la, por estar fora de sua esfera de controle. A matriz Swot pode, ainda, ser utilizada como ponto de partida para o planejamento estratégico, ao elaborar-se uma sugestão de ação para cada item levantado na análise.

3. b
4. c
5. d

Capítulo 3
Questões para revisão
1. Por perceberem que não são capazes de atender a todos os consumidores ou por notarem que serão mais competitivas e mais lucrativas ao concentrarem-se em determinada fatia de mercado. Uma empresa, ao estabelecer um foco de atuação, adquire maior credibilidade, referencial de marca e aperfeiçoamento dos seus produtos e dos seus serviços, tornando-se mais eficiente e competitiva.
2. É a construção e a implantação estratégica, na mente do consumidor, de uma marca, um produto ou um serviço. Por meio dessa ação, a organização procura determinar como quer ser vista ou lembrada pelo mercado. Assim, estabelece um diferencial competitivo diante da concorrência. Quando as pessoas se lembram de uma marca, automaticamente trazem à mente alguma ideia a ela associada.
3. c
4. a
5. c

Capítulo 4
Questões para revisão
1. As funções do marketing na gestão hospitalar são: promover a imagem da instituição; atuar na obtenção de informações sobre os clientes; aperfeiçoar os serviços hospitalares em geral; desenvolver ações de endomarketing; aprimorar a comunicação; e auxiliar nas demais estratégias que forem necessárias dentro do escopo do marketing e da comunicação do hospital.

2. O novo foco da gestão hospitalar deve ser baseado na construção do valor da organização, na percepção de qualidade por parte dos clientes e na satisfação deles, os quais, por sua vez, tornam-se o foco da prestação de serviços. Vale lembrar que antigamente tratava-se a doença, e não o paciente. Portanto, esse foco compactua com a ideia de promover o bem-estar do paciente.
3. c
4. a
5. a

Sobre o autor

André Eyng Possolli é técnico em Publicidade (2002) pelo Colégio Opet, graduado em Publicidade e Propaganda (2006) pela Pontifícia Universidade Católica do Paraná (PUCPR) e mestre em Educação (2008) também pela PUCPR.

Começou a trabalhar cedo. Aos 17 anos, já atuava em uma agência de comunicação. Aos 22, passou a dar aulas em cursos técnicos e abriu sua primeira empresa na área de marketing. Aos 23, ingressou no ensino superior e, aos 24, já era coordenador do curso de Publicidade e Propaganda da PUCPR.

Atuou como consultor de marketing e trabalhou em diversas áreas de comunicação (marketing, comunicação visual, planejamento e ensino a distância). Foi professor do Centro Europeu, da Faculdade Opet, da Faculdade Paranaense (Fapar) e das Faculdades Integradas Camões.

Hoje, atua como empresário e consultor e dedica-se ao ensino e à pesquisa do marketing e à gestão de seus negócios. É proprietário de uma das maiores empresas de paisagismo do Paraná.

Os papéis utilizados neste livro, certificados por instituições ambientais competentes, são recicláveis, provenientes de fontes renováveis e, portanto, um meio sustentável e natural de informação e conhecimento.

FSC
www.fsc.org
MISTO
Papel produzido
a partir de
fontes responsáveis
FSC® C057341

Impressão: Log&Print Gráfica e Logística S.A.
Dezembro/2019